生活適應能力檢核手冊

王 天 苗 著

 心理出版社

作者簡介

王天苗

學歷：美國北卡羅萊納大學特殊教育博士

現任：私立中原大學特殊教育學系教授

經歷：國立台灣師範大學特殊教育學系教授

　　　北京師範大學教育學系客座教授

　　　國立台灣師範大學特殊教育學系副教授

　　　國立台灣師範大學特殊教育中心研究員、兼任講師

　　　省立台北師範專科學校台灣省智能不足兒童教育師資訓練班兼任講師

　　　美國俄亥俄州 Paulding 郡 PARC LANE 智障訓練中心教師

　　　台北縣立重慶國中教師兼輔導室指導活動秘書

專長：發展遲緩幼兒早期介入、智能障礙、身心障礙兒童心理與教育評量、身心障礙者家庭、質性研究、跨專業合作、融合教育

自　序

　　特殊教育強調以「學生為中心」的個別化教學，而普通教育則傳統上實施以「教師為中心」統一式的教學，所以特殊教育似比普通教育更具彈性，尤其在「每個孩子都可以教育」（ Every child is educable ）的偉大信念之下，使原先被放棄、被認為是無可救藥的殘障兒童也有受教的機會，而更在「正常化」的潮流回歸社會，其中多重及中重度智能不足者教育服務即是最好的例子。

　　過去，特殊教育發展先進國家對智能不足者有「可教育」（ educable）及「可訓練」（ trainable ）的教育分類，如今已多不使用，而改以「學習殘障」（ learning handicap）、「重度殘障」（ severe handicap）或「發展障礙」（ developmental disability）統稱之。這種演變不只是為減少人們對他們的標記，更為不使這名詞誤導一般人的看法：認為「可訓練」即為「不可也不須教育」，或「可訓練性智能不足者應該安置在養護機構接受起居照料，大不了訓練生活自理能力而已」。這種看法完全是因為不了解或無知而造成的錯誤刻板印象。

　　據調查，中重度智能不足者中約48%兼有一種或多種障礙，因而障礙程度愈大，學習愈緩慢，但這並不意味著他們無法進行學習活動。很多研究已證實，只要專業人員能提供有系統、有計畫的指導，他們仍然能達成以他們學習能力為基準的學習目標。

　　在肯定他們學習潛能的同時，我們更不能忘記他們有受教的基本權利。在美國，因為有較完善的特殊教育法令，使自零歲起至廿一歲的殘障者都可受到「零拒絕」（ zero reject）的法令保障—即公立學校或機構不但不得拒絕殘障兒童有接受教育及相關服務的權利，還必須提供免費的適當教育。同樣地，國內因為「特殊教育法」及「強迫入學條例」的通過，更使得原被摒棄於學校外的中重度智能不足學齡兒童享有絕對的受教權利。在這特殊教育轉型的時期，行政人員與教師將面臨大的考驗，唯有事先妥善的準備，才足以順利提供適性的教育。

　　正因為殘障學生個別差異較正常學生大，殘障程度嚴重者又比輕微者大，所以要提供給中重度智能不足學生適性的教育，唯有施行個別化教學，才能適應他們特殊的教育需求。要進行個別化教學前，首要條件必須有適當的評量工具，使教師或其他專業人員得以評估個別學生的學習起點，並根據評量結果安排教學情境與設計教材教法，引導學生逐步達成設定的行為目標。效標參照測驗就具備了以上的特性，而且它的使用價值也能被專業人員所肯定，但是至目前為止，國內仍缺乏此項工具。

　　有鑑於此，筆者參考多項國內外評量工具及課程資料，編寫具評量、教學、評鑑與溝通四大功能的「生活適應能力檢核手冊」。主要參考資料包括：Behavioral Characteristics Progression（VORT，1973）,Portage Guide（Bluma，et al.,1976 ）及 Bender & Valletutti（1979）與台南啟智學校所編課程等。編寫之初，即將日常生活七大領域的適應能力作為手冊內容範圍，使中重度智能不足者的學習不只限於自理能力，還包括了溝通、知覺動作、社會性、基本認知、休閒及居家與工作等能力。接著，再按照各項能力發展層次或工作分析方法逐步確立項目中的細步目標。正因為本手冊提供明確的觀察指引，教師在綜合判斷個別學生能力現況後，再以現況為基準，就手冊內行為目標設定長短程學習目標，如此即完成「個別教育計畫」的設計。

本檢核手冊是一生活能力綜合評量工具，雖然並非課程，但是兼具教學指引的特性。在應用行為分析的理論之下，若教師確實運用直接觀察技巧、連續性評量、直接教學法、行為改變ＡＢＣ模式等的教學法，則中重度智能不足兒童的學習潛能必能被引導出。

　　本手冊得以順利付梓，主要感謝鄭玉疊老師不但提供許多編寫上的意見，更提供體育、美勞寶貴的教學經驗。他對啟智教育的熱誠及執著，實在令人感佩。此外，感謝趙麗玉與楊幸花兩位實驗班老師及好友莊妙芬老師的寶貴意見，在此一併致謝。各國特殊教育正急速發展中，個人的才學能力有限，尚望國內從事此一領域的前輩專家們今後不吝提供更多寶貴意見，以便使本手冊在今後修訂時，使之更臻完善，發揮其更大功效。

王天苗　七十六年九月
　　　　師大特教中心

目　錄

伍、基本學科能力

陸、休閒能力

柒、居家與工作能力

生活適應能力檢核手冊簡介

本檢核手冊適用對象為中重度智能不足兼語言、多重或情緒障礙等的兒童及青少年，為一評量中重度智能不足者生活適應基本能力的效標參照測驗。特殊教育教師可利用本檢核手冊綜合評量中重度智能不足學生的個別學習及適應情形，進而依據其結果設計適合學生個別教育需求的「個別教育計畫」，以達成「因材施教」教育理念下「個別化教學」的實施目標。

功 能 與 特 色

本檢核手冊具備評量、教學、溝通與評鑑等四大功能：

1.評量—可綜合評量中重度智能不足兒童或青少年於日常生活的自理、社會性、知動、語言、基本學科、休閒、居家與工作等七項領域內的能力狀況。

2.教學—本檢核手冊內的行為目標依工作分析與發展層次順序排列，故教師不但可以評量結果決定學生學習起點，並可作為設計「個別教育計畫」中長、短程目標的直接依據。

3.溝通—評量結果就是學生學習期間完整的觀察紀錄資料，隨時可作為教師與家長、教師與教師或教師與行政人員之間的溝通工具。

4.評鑑—經由定期或連續性的評量，教師可評估學生學習及教師教學的成敗，並依其評鑑結果實施彈性教學或進行追蹤輔導。

此外，本檢核手冊另兼具下列三大特色：

1.強調中重度智能不足者教育的「整體性」

本檢核手冊涵括日常生活七大領域的能力評量，教師可直接進行以此為課程範圍的「全人」教育，期使在教育與生活的結合之下，培養中重度智能不足學生獨立生活的能力。

2.可作為各科教學指引

本檢核手冊雖依七大領域編寫，但為配合學校學科教學，教師僅須稍作組合檢核手冊的小部分內容，即可使之成為各科教學指引，簡化教師由評量結果決定各科教學目標的過程，經組合後的教學指引綱目如附錄（ p.58-59 ）。

3.可作為團體或個別紀錄之用

教師可依檢核手冊內容，對全班學生能力逐項評量，所得結果即為一項團體紀錄，並據此安排教學分組或個別指導。此外，檢核手冊尚可作為個別記錄之用，教師只須在表內標明定期（如一學期或一年）評量的日期，即可確實掌握學生學習進展情形，同時作為親職教育之用。

內 容

本檢核手冊包括對中重度智能不足者於日常生活的自理、社會性、知動、語言、基本學科、休閒、居家與工作等七項領域的能力評量，其內容如下：

1.自理能力—包括吃、喝、如廁、穿、脫、清洗與衛生等六項，共 201 個行為目標。

2.社會性能力—包括安全、社交人際、環境適應、特殊行為等四項，共 139 個行為目標。

3.知動能力—包括感官知覺、聽覺、視動協調、大動作等四項，共350個行為目標。

4.語言能力—包括發音前能力、發音、表達等三項，共90個行為目標。

5.基本學科能力—包括注意力、閱讀、書寫、數學等四項，共356個行為目標。

6.休閒能力—包括音樂與韻律、美勞等二項，共112個行為目標。

7.居家與工作能力—包括居家技能、工作能力等二項，共106個行為目標。

若依據七十二年教育部社教司編印的「啟智學校課程綱要」中所列之教學科目，將七大領域內容分別歸納於八科目，則內容如下：

1.生活教育—即包括檢核手冊內「自理能力」與「社會性能力」部分，此外並歸併「語言能力」中的「社交會話」及「基本學科能力」中的「注意力」而成。

2.國語—包括「聽與說」、「讀」、「寫」等三大項目，其中「聽與說」由「知動能力」的「聽覺」與「語言能力」的內容組合而成；「讀」與「寫」部分則即為「基本學科能力」中的「閱讀」與「書寫」內容。

3.數學—即為「基本學科能力」中的「數學」部分。

4.體育—即為「知動能力」中的「大動作」部分。

5.知動訓練—即為「知動能力」中的「感官知覺」與「視動協調」二部分合併而成。

6.音樂（唱遊）—即「休閒能力」中的「音樂與韻律」部分。

7.美勞—即「休閒能力」中的「美勞」部分。

8.職業教育—即為「居家與工作能力」的內容。

觀察與紀錄方法

一、觀察步驟與要點：

1.依團體或個別紀錄之目的，評量者須先將學生姓名或評量日期填入行為目標右側評量結果之上方格內。

2.研讀本檢核手冊內的領域、內容及紀錄方法。

3.決定觀察的起點。因每位兒童或青少年個別教育需求及程度均有不同，教師可不須從頭評量起，而作選項式的觀察評量。

4.決定觀察的時間，並準備需用的教材或活動。

5.若需說明做法，則須簡明易懂。此項非正式的觀察活動務必於自然情境或氣氛下進行。

二、紀錄方法：

(一)檢核手冊：

1.團體紀錄—教師若為了解每位學生在檢核手冊中項目的情形，則可先在評量結果上方的格內填入全班學生姓或名，再逐項或選項觀察及評定每位學生的能力狀況。紀錄方法有三：

(1)若學生"已達成"該項目標，則在方格內作記號，如 ⊠ ；

(2)若學生"未達成"該項目標，有待進一步教學，則在格內打斜線並加上評量年月，如 ◫ ；若於定期或連續評量時，學生達成該目標，則加填入完成該目標之日期（即評鑑時的年月），如 ⊠ ，如此可獲知該生學習某項技能所需的時間。若於再次評量時，學生仍未達成該目標，則不予紀錄。

(3)若學生因障礙限制（如肢障、語障）無法達成某目標，或在學校（機構）無此學習情境時，則於格內填入記號，如 ⊟ 。

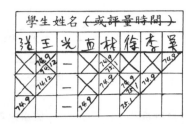

例：

7.拳握湯匙舀起食物放入口中後不轉動湯匙……………

8.手指握匙進食（稍有撒落）………………………………

9.手指握匙把大塊食物分成小塊進食（稍有撒落）……

2.個別紀錄—若教師為紀錄個別學生學習過程中的狀況，則可在手冊封面標明個案學生的姓名，再將評量日期寫於評量結果上方格內。紀錄方法有四：

(1)☑—表示學生已完全達成或¾以上的情況可達成

(2)◩—表示學生尚未達成或¾以下的情況都無法達成

(3)▭—表示學生完全不會因障礙限制、無比學習情境或觀察工具，而無法獲知評量結果者

例：

7.拳握湯匙舀起食物放入口中後不轉動湯匙……………

8.手指握匙進食（稍有撒落）………………………………

9.手指握匙把大塊食物分成小塊進食（稍有撒落）……

學生姓名（或評量時間）							
74/9	75/9	76/9	78/9	79/9	80/9	81/6	
	✓	✓					
◩		✓					
		✓					

(二)個別紀錄表：

　　為使個別學生資料能完整明顯地呈現於一張紀錄紙上，特加設計「個別紀錄表」（附錄於手冊後），便利教師於教學或追蹤輔導時用。教師只須將團體紀錄冊內個別學生的資料分別轉錄於本表。有關說明請參照表中敍述。

生活適應能力檢核手冊綱目

壹、自理能力

吃

		學生姓名（或評量時間）									
使用湯匙	1. 湯匙觸及唇時會張嘴										
	2. 看到食物會自動張嘴										
	3. 被餵時會主動湊近湯匙										
	4. 大人餵流質或半流質食物時會吞下										
	5. 不咬住入口的湯匙										
	6. 會拳握湯匙										
	7. 拳握湯匙舀起食物放入口中後不轉動湯匙										
	8. 手指握匙進食（稍有撒落）										
	9. 手指握匙把大塊食物分成小塊進食（稍有撒落）										
	10. 能用湯匙舀取適量的食物										
	11. 能正確使用湯匙進食而不撒落食物										
	12. 喝湯水或半流質食物時會選用湯匙										
吃固體食物	13. 會用舌頭舔吃食物										
	14. 會嚼嚥固體食物										
	15. 會自己取吃固體食物										
	16. 會用手（或唇、齒）把大塊食物分成小塊進食										
使用筷子	17. 拳握或兩手握筷進食（稍有撒落）										
	18. 手指持筷進食（稍有撒落）										
	19. 手指持筷把大塊食物分成小塊進食（稍有撒落）										
	20. 能用筷子夾取適量的食物										
	21. 會正確使用筷子進食而不撒落食物										
	22. 知選用筷子夾食固體食物										
使用刀叉	23. 能正確用指握叉進食										
	24. 會用小刀把果醬抹在土司上										
	25. 會用小刀切食物										
用餐：餐前處理	26. 清理桌面										
	27. 吃東西前會先洗手										
	28. 擺好餐墊、碗筷、紙巾等用品										
	29. 取用自己的飯盒										
	30. 會幫忙盛飯端菜										
習慣與禮儀	31. 等大家到齊才一起開動										
	32. 吃飯時間內安坐椅上不亂跑										
	33. 吃飯時身體坐直，不扒在桌上										
	34. 吃飯時兩手臂靠身體坐										

35. 能自行用餐⋯⋯⋯⋯⋯⋯⋯⋯⋯⋯⋯⋯⋯⋯									
36. 只取吃屬於自己的食物、飲料⋯⋯⋯⋯⋯									
37. 吃東西不發出聲音⋯⋯⋯⋯⋯⋯⋯⋯⋯⋯									
38. 會閉嘴咀嚼食物⋯⋯⋯⋯⋯⋯⋯⋯⋯⋯⋯									
39. 完全咀嚼後才嚥下食物⋯⋯⋯⋯⋯⋯⋯									
40. 嚥下食物才再取食⋯⋯⋯⋯⋯⋯⋯⋯⋯									
41. 嘴塞滿食物時不說話⋯⋯⋯⋯⋯⋯⋯⋯									
42. 吃飯時能保持乾淨⋯⋯⋯⋯⋯⋯⋯⋯⋯									
43. 會要求別人把要的東西遞過來⋯⋯⋯⋯									
44. 吃飯速度適中⋯⋯⋯⋯⋯⋯⋯⋯⋯⋯⋯									
45. 若餐具掉在地上，會要求或自行更換⋯									
46. 等其他人吃完或得別人准許後才離座⋯									
47. 吃東西能節制⋯⋯⋯⋯⋯⋯⋯⋯⋯⋯⋯									
餐後 48. 吃飯時或飯後會用毛巾（或紙巾）擦淨嘴手⋯									
處理 49. 飯後會收拾碗筷或飯盒⋯⋯⋯⋯⋯⋯⋯									
50. 會把垃圾或殘骸丟到垃圾筒內⋯⋯⋯⋯									
51. 飯後會把飯桌（或餐墊）擦乾淨⋯⋯⋯									
52. 會把飯桌附近的地面撿（或掃）乾淨⋯⋯									
53. 起身後會把椅子靠好⋯⋯⋯⋯⋯⋯⋯⋯									
54. 會清洗髒碗盤⋯⋯⋯⋯⋯⋯⋯⋯⋯⋯⋯									
其 他 55. 會剝食物外皮、外殼⋯⋯⋯⋯⋯⋯⋯⋯									
56. 會打開盒裝或罐裝飲料⋯⋯⋯⋯⋯⋯⋯									
57. 不挑食⋯⋯⋯⋯⋯⋯⋯⋯⋯⋯⋯⋯⋯⋯									
58. 手端湯碗不會潑灑出⋯⋯⋯⋯⋯⋯⋯⋯									
59. 會選用適當的餐具盛放食物⋯⋯⋯⋯⋯									
60. 會點自己喜歡吃的食物⋯⋯⋯⋯⋯⋯⋯									

喝

用杯喝									
61. 別人扶杯時，自己也會用手扶著⋯⋯⋯⋯									
62. 別人扶杯時，自己會用手扶著傾倒水入口⋯⋯									
63. 別人把杯子放在手裏，自己會雙手握杯喝水⋯⋯									
64. 雙手握起杯子喝水（稍有潑灑）⋯⋯⋯⋯⋯									
65. 雙手握杯喝水不潑灑⋯⋯⋯⋯⋯⋯⋯⋯									
66. 雙手握杯喝水後，會把杯子放回原位而不潑灑⋯									
67. 會單手握杯⋯⋯⋯⋯⋯⋯⋯⋯⋯⋯⋯⋯									
68. 會單手握起杯子喝水（稍有潑灑）⋯⋯⋯									
69. 單手握杯喝水後，會把杯子放回原位而不潑灑⋯									
70. 能慢慢喝湯水⋯⋯⋯⋯⋯⋯⋯⋯⋯⋯⋯									

用吸管 倒　水	71. 會用吸管吸水‥‥‥‥‥‥‥‥‥‥‥‥‥								
	72. 會握水壺倒水而不潑灑‥‥‥‥‥‥‥‥								
	73. 能把一杯水倒到另一杯內而不潑灑‥‥‥								
使用飲水器	74. 會嘴對著飲水器的水泉喝水‥‥‥‥‥								
	75. 會適度轉動飲水器的轉鈕，調整水量飲水‥‥								
	76. 會操作按壓式飲水器‥‥‥‥‥‥‥‥								
	77. 會選擇按壓所需冷（熱）水飲用‥‥‥‥								

如　廁

意願表示	78. 會用表情、動作或聲音表示大小便意願‥‥‥								
	79. 褲子弄髒時，會以表情、動作或聲音表示‥‥‥								
	80. 想上廁所時會告訴大人‥‥‥‥‥‥‥‥								
廁前準備	81. 由大人抱坐在便桶上能立即大小便‥‥‥‥								
	82. 肯被帶進廁所大小便‥‥‥‥‥‥‥‥‥								
	83. 要成人伴隨入廁所，並協助坐上便桶‥‥‥								
	84. 會自己拉下褲子坐上便桶‥‥‥‥‥‥‥								
	85. 入廁後才解衣褲‥‥‥‥‥‥‥‥‥‥								
	86. 入廁後關門‥‥‥‥‥‥‥‥‥‥‥								
如　廁	87. 會把大小便解在便池內‥‥‥‥‥‥‥‥								
	88. 男孩會站著解尿（女孩會理裙褲再坐上便桶）‥‥								
	89. 有需要時會自行如廁，不發生意外‥‥‥‥								
便後處理	90. 會取用適量的衛生紙‥‥‥‥‥‥‥‥‥								
	91. 大小便後會沖水‥‥‥‥‥‥‥‥‥‥								
	92. 大小便後會擦淨‥‥‥‥‥‥‥‥‥‥								
	93. 會把用過的衛生紙丟入便桶或盛桶內‥‥‥								
	94. 便後會穿上褲子‥‥‥‥‥‥‥‥‥‥								
	95. 便後會洗手、擦乾手並掛好毛巾‥‥‥‥								
	96. 離開廁所前會先整理好衣褲‥‥‥‥‥‥								
廁所辨識	97. 會分辨男女廁所‥‥‥‥‥‥‥‥‥‥								
	98. 到陌生環境會問明廁所的位置‥‥‥‥‥								

穿

	99. 別人協助穿衣時，會抬動手腳伸入衣袖、褲內‥‥								
	100. 會自己戴帽子‥‥‥‥‥‥‥‥‥‥								
	101. 會辨認自己的衣物‥‥‥‥‥‥‥‥‥								
	102. 會拉（穿）上別人已為他穿好一半的衣褲、鞋襪‥								

103. 會自己穿襪子 ………………………………………						
104. 會拉上拉鍊 ………………………………………						
105. 會自己穿鬆緊帶褲子 …………………………						
106. 會扣大鈕釦 ………………………………………						
107. 會接合拉鍊接頭處並拉好拉鍊 …………………						
108. 會扣暗釦或鉤狀釦子 ……………………………						
109. 會自己穿外套 ……………………………………						
110. 會扣小鈕釦 ………………………………………						
111. 會穿自粘鞋 ………………………………………						
112. 會穿套頭衣或背心 ………………………………						
113. 會穿開前襟衣，如襯衫 …………………………						
114. 會拉平或拉齊衣服皺摺部分 ……………………						
115. 會按左右腳穿鞋 …………………………………						
116. 不需別人提示會自己穿衣鞋 ……………………						
117. 會區別衣服的裏外 ………………………………						
118. 會打活結 …………………………………………						
119. 會繫蝴蝶結 ………………………………………						
120. 會按需要或冷熱情形加減衣服 …………………						
121. 會繫皮帶 …………………………………………						
122. 會按天氣、時間、地點選穿衣物 ………………						
123. 會戴領帶、頭巾、手錶或裝飾品等物 …………						

脫

124. 會拉下帽襪 ………………………………………						
125. 別人協助脫衣褲時會抬動手腿 …………………						
126. 會脫鞋子 …………………………………………						
127. 會拉下拉鍊 ………………………………………						
128. 會脫下別人已為他脫一半的衣褲 ………………						
129. 會脫掉鬆緊帶褲子 ………………………………						
130. 會脫下已解開鈕釦或拉鍊的外套 ………………						
131. 會解開拉鍊 ………………………………………						
132. 會解開鈕釦 ………………………………………						
133. 會脫有拉鍊（鈕釦）的褲子 ……………………						
134. 會脫套頭衣 ………………………………………						
135. 會脫開前襟衣 ……………………………………						
136. 會把換洗的衣服放在固定地方 …………………						
137. 不需別人提示，會自己脫衣褲 …………………						
138. 會把脫下的衣服翻成正面 ………………………						

139. 會把脫下的衣褲掛好 ⋯⋯⋯⋯⋯⋯⋯⋯⋯⋯⋯⋯									
140. 會解開皮帶 ⋯⋯⋯⋯⋯⋯⋯⋯⋯⋯⋯⋯⋯⋯⋯⋯									
141. 會解安全別針 ⋯⋯⋯⋯⋯⋯⋯⋯⋯⋯⋯⋯⋯⋯⋯									
142. 會解開衣服背後及旁邊的鈕釦或拉鍊 ⋯⋯⋯									
143. 會依需要換穿乾淨衣服 ⋯⋯⋯⋯⋯⋯⋯⋯⋯⋯⋯									
144. 會解開頭巾、手錶、領帶或裝飾品等物 ⋯⋯									

清洗與衛生

洗　手

145. 會開關水龍頭 ⋯⋯⋯⋯⋯⋯⋯⋯⋯⋯⋯⋯⋯⋯⋯									
146. 會在水中搓洗手 ⋯⋯⋯⋯⋯⋯⋯⋯⋯⋯⋯⋯⋯⋯									
147. 會用肥皂抹手 ⋯⋯⋯⋯⋯⋯⋯⋯⋯⋯⋯⋯⋯⋯⋯									
148. 會清洗掉手上的泡沫 ⋯⋯⋯⋯⋯⋯⋯⋯⋯⋯⋯⋯									
149. 洗完手會自取毛巾或紙巾擦乾手 ⋯⋯⋯⋯⋯									
150. 擦乾手後會把毛巾掛好，或把紙巾丟入垃圾桶⋯									

洗　臉

151. 會用水洗臉 ⋯⋯⋯⋯⋯⋯⋯⋯⋯⋯⋯⋯⋯⋯⋯⋯									
152. 會用洗面皂抹臉 ⋯⋯⋯⋯⋯⋯⋯⋯⋯⋯⋯⋯⋯⋯									
153. 會洗淨臉上的泡沫 ⋯⋯⋯⋯⋯⋯⋯⋯⋯⋯⋯⋯⋯									
154. 會取毛巾或紙巾擦乾臉 ⋯⋯⋯⋯⋯⋯⋯⋯⋯⋯									
155. 會在需要或固定時間，自己洗手臉並擦乾 ⋯									

擦鼻涕

156. 流鼻水時，會以表情表示不舒適的感覺 ⋯									
157. 會用紙巾或毛巾擦拭鼻子周圍 ⋯⋯⋯⋯⋯⋯									
158. 會把鼻涕擤在紙巾內，並擦乾淨 ⋯⋯⋯⋯⋯									
159. 會把髒紙巾丟掉或把手帕疊好放回口袋 ⋯⋯									
160. 需要時自己會主動擤鼻涕擦淨 ⋯⋯⋯⋯⋯⋯									

刷　牙

161. 會把適量的牙膏擠在牙刷上 ⋯⋯⋯⋯⋯⋯⋯⋯									
162. 會正確刷牙 ⋯⋯⋯⋯⋯⋯⋯⋯⋯⋯⋯⋯⋯⋯⋯⋯									
163. 刷牙時會把膏沫水吐在水槽內 ⋯⋯⋯⋯⋯⋯									
164. 漱口時不把水嚥下 ⋯⋯⋯⋯⋯⋯⋯⋯⋯⋯⋯⋯									
165. 刷完牙後會清洗牙刷 ⋯⋯⋯⋯⋯⋯⋯⋯⋯⋯⋯									
166. 刷牙後會放好刷牙用具 ⋯⋯⋯⋯⋯⋯⋯⋯⋯⋯									
167. 刷完牙會擦淨臉手 ⋯⋯⋯⋯⋯⋯⋯⋯⋯⋯⋯⋯									
168. 飯後或早晚會刷牙 ⋯⋯⋯⋯⋯⋯⋯⋯⋯⋯⋯⋯									

洗　澡

169. 會用水沖身 ⋯⋯⋯⋯⋯⋯⋯⋯⋯⋯⋯⋯⋯⋯⋯⋯									
170. 會用肥皂抹身 ⋯⋯⋯⋯⋯⋯⋯⋯⋯⋯⋯⋯⋯⋯⋯									
171. 會自己搓洗身體 ⋯⋯⋯⋯⋯⋯⋯⋯⋯⋯⋯⋯⋯⋯									
172. 能加強搓洗身體易髒部位 ⋯⋯⋯⋯⋯⋯⋯⋯⋯									
173. 會沖淨身上的肥皂 ⋯⋯⋯⋯⋯⋯⋯⋯⋯⋯⋯⋯									
174. 會用浴巾擦乾全身 ⋯⋯⋯⋯⋯⋯⋯⋯⋯⋯⋯⋯									

	175. 會調整適當的水溫………………………							
	176. 知道洗澡該更換衣褲………………………							
	177. 浴後會衣著整齊才出浴室…………………							
	178. 會在需要或固定時間洗澡…………………							
洗　頭	179. 願意讓人洗頭髮……………………………							
	180. 別人協助抹好洗髮精後，會自己抓洗頭髮………							
	181. 會用適量的洗髮精洗頭髮…………………							
	182. 會把頭上洗髮精沖洗乾淨…………………							
	183. 會用毛巾擦乾濕頭髮………………………							
	184. 會用吹風機吹乾頭髮………………………							
梳理頭髮	185. 願意讓人整理頭髮…………………………							
	186. 會用梳子梳頭髮……………………………							
	187. 願意讓人剪頭髮……………………………							
	188. 會把頭髮梳理得整齊美觀…………………							
修指甲	189. 會用指甲刀剪指甲…………………………							
	190. 會用銼刀修勻指甲…………………………							
	191. 會保持指甲的清潔…………………………							
	192. 會主動修剪指甲……………………………							
其　他	193. 平日流口水會擦拭乾淨……………………							
	194. 能保持身體的清潔…………………………							
	195. 需要時會隨時使用紙巾……………………							
	196. 能辨認盥洗地點……………………………							
	197. 打噴嚏時會把臉轉一邊或掩住嘴…………							
	198. 打呵欠會用手掩嘴…………………………							
	199. 需要時會清洗眼鏡、梳子…………………							
	200. 男性會在需要或固定時間修面……………							
	201. 女性在月經週期能注意個人衛生保健………							

貳、社會性能力

安　全		學生姓名（或評量時間）							

室　內

1. 能小心地拿尖銳物，如剪刀、刀子 ……………
2. 不亂敲玻璃 ……………………………………………
3. 小心開關窗戶 ………………………………………
4. 搬椅子時把椅腿朝外 ……………………………
5. 飲水或洗澡時會小心操作冷熱開關 …………
6. 不靠近火爐、火焰，並能小心火燭 …………
7. 端熱水杯能注意安全 ……………………………
8. 活動或遊戲時，不用玩具傷人 ………………
9. 住高樓不攀爬陽台 ………………………………
10. 衣服濕了會馬上脫掉 ……………………………
11. 插拔插頭時能注意安全，如不用濕手觸摸插頭 …
12. 使用工具能注意安全 ……………………………
13. 會辨認腐壞食物 ……………………………………
14. 能小心開關瓦斯爐 ………………………………
15. 會辨認有毒物品或非食性物品 ………………
16. 能小心操作炊具 ……………………………………

室　外：行進

17. 行進時不快跑 ………………………………………
18. 上下樓梯不跑跳 …………………………………
19. 行進時不玩耍 ………………………………………
20. 能留在指定的遊戲（工作）區內 ……………
21. 不走近水溝或水邊 ………………………………
22. 走路靠右邊走或走在人行道上 ………………
23. 過街前會左右張望，注意有無來車 …………
24. 在十字路口，能依紅綠燈指示過街 …………
25. 穿越平交道能小心柵欄信號 …………………

坐車

26. 在公車上不擅離座位 ……………………………
27. 站在公車上能握牢手把 …………………………
28. 不把頭手伸出車窗外 ……………………………
29. 車停妥後才依序上下車 …………………………
30. 會自己上下車 ………………………………………

危險警覺

31. 身體不舒服會告訴別人 …………………………
32. 能分辨口頭或手勢的危險訊號 ………………
33. 會避開危險區，如鞭蠻區等 …………………

	34. 能辨認危險物品，如刀子、電等………………								
	35. 不隨便和陌生人交談……………………………								
事故處理	36. 遇有危險會找人協助……………………………								
	37. 遭別人攻擊，會保護自己………………………								
	38. 自己或別人受傷，會告訴成人…………………								
	39. 能辨別瓦斯漏氣，並找人協助…………………								
	40. 會撲滅小火……………………………………								
	41. 能處理輕傷，如清洗傷口或用繃帶貼傷口……								
	42. 有緊急狀況時，會打電話至119或110…………								

社交人際

儀容姿態	43. 進餐、活動或工作時能抬頭……………………								
	44. 會照鏡子整理儀容……………………………								
	45. 能保持儀容整潔………………………………								
	46. 坐姿正確………………………………………								
	47. 站姿正確………………………………………								
	48. 走姿良好………………………………………								
活動參與	49. 見到熟人會有反應……………………………								
	50. 會抬頭微笑注視來者…………………………								
	51. 自由活動時能獨自玩或與其他學生玩………								
	52. 能和一、二位兒童（或成人）遊戲…………								
	53. 能和另一兒童玩合作性遊戲…………………								
	54. 能和人玩辦家家酒的角色扮演遊戲…………								
	55. 能和人共同參與三人以上的團體活動或遊戲…								
	56. 能和人輪流做（玩）…………………………								
	57. 能和人玩簡單的競爭性遊戲…………………								
	58. 能帶領其他同學做動作、遊戲………………								
	59. 能參與團體討論………………………………								
	60. 會主動參與團體活動…………………………								
	61. 會玩需要記分或技巧複雜的遊戲……………								
待人態度	62. 和人相處不吵架、打架………………………								
	63. 能主動幫助別人………………………………								
	64. 能和其他兒童分享東西………………………								
	65. 會保護同學或動物……………………………								
	66. 願意借（給）東西給別人……………………								
	67. 對待同學、師長有禮貌，如讓坐、讓路……								
	68. 喜怒哀樂情感表達方式適當…………………								
	69. 懂得待客之道…………………………………								

環境適應

		項目						
適應新環境	70.	容易和成人分開						
	71.	不把手放在口裏						
	72.	陌生人出現，能不受影響繼續工作						
	73.	願意接近新的人物						
	74.	願意參與新的工作或活動						
	75.	能適應新環境						
容　忍	76.	引人注意時，能不衝動地叫喊						
	77.	活動過後，能立刻安靜等候指示						
	78.	上課鈴響能馬上進教室						
	79.	能不擾亂別人的工作						
	80.	能不隨便發脾氣或亂罵人						
	81.	能接受大部分的批評						
	82.	能接受善意的玩笑						
	83.	受挫敗或遇問題時，能保持冷靜再嘗試						
	84.	在公共場所能遵守規則						
	85.	常規變更，仍能保持情緒穩定						
	86.	能照工作或遊戲的規則做						
責　任	87.	能適時保持安靜						
	88.	能聽從別人的指示						
	89.	離座後會把椅子靠好						
	90.	會把自己東西放在固定地方						
	91.	能保持桌椅四周的清潔						
	92.	能保持作業的整潔						
	93.	能依指定的工作做						
	94.	用完東西後能物歸原主（處）						
	95.	能服從團體的決議						
	96.	主動參與工作						
	97.	能自己決定參與的活動項目						
	98.	能就別人的工作結果，提出優點及改進意見						
	99.	能事前考慮，計畫未來						
	100.	能遵守班（校）規						
自　信	101.	願意且立刻回答別人的問話						
	102.	能主動和人交談						
	103.	能帶領同學進行每天的例行活動						
	104.	大部分時間都可以獨自工作，不需人協助						

誠　實

105.	別人責問時，能立即認錯並接受合理指責 ……	
106.	能主動認錯並接受合理指責 ………………	
107.	大部分時間能說真話 ………………………	
108.	撿到東西會交給大人，不佔為己有 ………	
109.	不拿別人的東西佔為己有 …………………	

認識自己與環境

110.	會說自己的姓名 …………………………
111.	會說老師的姓名 …………………………
112.	會說學校及班級名稱 ……………………
113.	會說自己父母的姓名 ……………………
114.	會說自己兄弟姐妹的姓名 ………………
115.	會說出基本身體部位名稱 ………………
116.	會說朋友、同學、親戚等的名字 ………
117.	能說出大部分的身體部位名稱 …………
118.	會說自己的姓 ……………………………
119.	能區別自己的性別 ………………………
120.	會區別家人的性別 ………………………
121.	會說自己國家名 …………………………
122.	會說所住的都市、區域、街道名 ………
123.	會說自己的出生月份 ……………………
124.	會說自己在家排行 ………………………
125.	會說自己的出生地或籍貫 ………………
126.	會說出身體部位的功能，如眼睛看 ……
127.	能背出家裏的電話號碼 …………………
128.	會說父母的職業、工作地點 ……………
129.	會說自己出生的年月 ……………………
130.	會說自己的地址 …………………………
131.	能說明身體部位間的關係 ………………
132.	會說出生的年月日 ………………………
133.	會說自己的身高體重 ……………………
134.	能說明自己的喜好 ………………………
135.	能說明當天天氣的晴、陰或雨 …………
136.	能認識社區內公共設施，如醫院、郵局等 ……

特殊行為

137.	不表現自我刺激行為 ……………………………
138.	不表現破壞性行為 ………………………………
139.	不表現自傷行為 …………………………………

參、知動能力

感官知覺

	學生姓名（或評量時間）						

觸　覺

1.	撿起東西放在手中轉動 ………………………							
2.	撿起東西以手揉搓、擠捏或輕拍 ……………							
3.	把東西拆開…………………………………							
4.	會轉動東西 …………………………………							
5.	會推拉東西 …………………………………							
6.	能指認別人剛摸過的身體部位 ………………							
7.	以觸覺分辨東西的冷熱 ………………………							
8.	以觸覺分辨東西的大小 ………………………							
9.	以觸覺分辨東西的長短 ………………………							
10.	以觸覺分辨東西的開合 ………………………							
11.	以觸覺分辨東西的軟硬 ………………………							
12.	以觸覺分辨東西的輕重 ………………………							
13.	以觸覺分辨東西的曲直 ………………………							
14.	以觸覺分辨東西的形狀 ………………………							
15.	以觸覺分辨東西的窄瘦或寬胖 ………………							
16.	以觸覺分辨東西的乾濕 ………………………							
17.	以觸覺分辨東西的粗細 ………………………							
18.	以觸覺分辨東西的平皺 ………………………							
19.	以觸覺分辨東西的黏與不黏 …………………							
20.	以觸覺分辨東西的利鈍 ………………………							

味嗅覺

21.	以味覺辨出甜食 ………………………………							
22.	以味嗅覺辨出燒焦食物 ………………………							
23.	以味嗅覺辨出酸食 ……………………………							
24.	以味覺辨出鹹食 ………………………………							
25.	以味覺辨出苦味 ………………………………							
26.	以味嗅覺辨出辣味 ……………………………							

聽　覺

辨別與理解

27.	聽到大聲響會受驚嚇 …………………………							
28.	頭轉向面前的發聲處 …………………………							
29.	能分辨混合聲響中的主要聲響 ………………							
30.	聲響出現會暫時停下動作 ……………………							
31.	頭轉向背後發聲處 ……………………………							

32. 能直視說話的人‧‧‧‧‧‧‧‧‧‧‧‧‧‧‧‧‧‧‧‧‧‧‧‧‧‧‧‧								
33. 對輕柔或嚴厲的聲調會有不同的反應‧‧‧‧‧‧‧‧								
34. 聽到別人叫熟悉的名字,會有反應‧‧‧‧‧‧‧‧‧‧								
35. 指向發聲的方向‧‧‧‧‧‧‧‧‧‧‧‧‧‧‧‧‧‧‧‧‧‧‧‧‧‧‧‧								
36. 會模仿別人說話時的動作,如別人說「再見」會揮手‧								
37. 指向發聲物‧‧‧‧‧‧‧‧‧‧‧‧‧‧‧‧‧‧‧‧‧‧‧‧‧‧‧‧‧‧‧‧								
38. 別人說「不可以」時會有反應‧‧‧‧‧‧‧‧‧‧‧‧‧‧								
39. 別人說「‧‧‧‧‧‧在那裏?」,會注視該人物‧‧‧‧‧‧								
40. 能區別「你」、「我」‧‧‧‧‧‧‧‧‧‧‧‧‧‧‧‧‧‧‧‧‧‧								
41. 了解簡單的問題,如「你要不要餅乾?」‧‧‧‧‧‧								
42. 能照帶手勢的口頭指示做‧‧‧‧‧‧‧‧‧‧‧‧‧‧‧‧‧‧								
43. 能照不帶手勢的口頭指示做‧‧‧‧‧‧‧‧‧‧‧‧‧‧‧‧								
44. 能照別人告訴大家的話做‧‧‧‧‧‧‧‧‧‧‧‧‧‧‧‧‧‧								
45. 照指示順序做出相關的連續動作‧‧‧‧‧‧‧‧‧‧‧‧								
46. 照指示順序做出不相關的連續動作								
47. 會辨別兩個聲響的不同‧‧‧‧‧‧‧‧‧‧‧‧‧‧‧‧‧‧‧‧								
48. 會辨別聲響類別‧‧‧‧‧‧‧‧‧‧‧‧‧‧‧‧‧‧‧‧‧‧‧‧‧‧								
49. 會辨別字音的異同‧‧‧‧‧‧‧‧‧‧‧‧‧‧‧‧‧‧‧‧‧‧‧‧								

記　憶

50. 會複誦二個字內的語詞‧‧‧‧‧‧‧‧‧‧‧‧‧‧‧‧‧‧‧‧								
51. 會複誦2～3個數字‧‧‧‧‧‧‧‧‧‧‧‧‧‧‧‧‧‧‧‧‧‧‧‧								
52. 會複誦4～5個數字‧‧‧‧‧‧‧‧‧‧‧‧‧‧‧‧‧‧‧‧‧‧‧‧								
53. 會複誦五個字內的詞句‧‧‧‧‧‧‧‧‧‧‧‧‧‧‧‧‧‧‧‧								
54. 會複誦5個以上的數字‧‧‧‧‧‧‧‧‧‧‧‧‧‧‧‧‧‧‧‧								
55. 會複誦五個字以上的詞句‧‧‧‧‧‧‧‧‧‧‧‧‧‧‧‧‧‧								
56. 能倒背3個以內的數字‧‧‧‧‧‧‧‧‧‧‧‧‧‧‧‧‧‧‧‧								
57. 能倒背3個以上的數字‧‧‧‧‧‧‧‧‧‧‧‧‧‧‧‧‧‧‧‧								

視動協調

視知覺

58. 頭轉向光源‧‧‧‧‧‧‧‧‧‧‧‧‧‧‧‧‧‧‧‧‧‧‧‧‧‧‧‧‧‧								
59. 頭隨眼睛追視面前移動的物體,目光停頓片刻‧								
60. 頭隨眼睛追視由體側平行移至正前方的物體‧‧‧‧								
61. 頭隨眼睛追視由體側下方移至前上方的物體‧‧‧‧								
62. 頭隨眼睛追視由體側一邊移至另一邊的物體‧‧‧								
63. 頭不動,眼睛追視面前物體移動180度‧‧‧‧‧‧								
64. 只有眼睛追視面前物體直到看不見為止‧‧‧‧‧‧								
65. 眼珠能上下左右作圓形轉動‧‧‧‧‧‧‧‧‧‧‧‧‧‧‧‧								
66. 眼睛追視約3公尺遠的移動物體‧‧‧‧‧‧‧‧‧‧‧‧								
67. 能追視約3公尺遠懸離地面的移動物體‧‧‧‧‧‧								
68. 視線停在某物約10秒								

視覺記憶	69. 能找回原在某位置的某物………………………								
	70. 能憑記憶排列實物或圖片………………………								
抓　拿	71. 會伸出手…………………………………………								
	72. 會雙手抓物………………………………………								
	73. 會單手抓物………………………………………								
	74. 能五指同時抓緊物體，握住不放………………								
	75. 會用前三指抓物…………………………………								
	76. 能握一物敲打另一物……………………………								
	77. 會用姆食指撿起小東西…………………………								
	78. 能抓拿扁而薄的東西……………………………								
	79. 兩手合握一起……………………………………								
	80. 把一手拿的東西換拿至另一手上………………								
	81. 轉動手中物………………………………………								
	82. 雙手擠弄手中物…………………………………								
	83. 單手能握住兩樣小東西…………………………								
	84. 會互擊兩手拿著的東西…………………………								
	85. 會拍手……………………………………………								
	86. 單手握擠手中物…………………………………								
	87. 從容器倒出東西…………………………………								
	88. 單手取出容器中的東西…………………………								
	89. 取出插洞板的插板………………………………								
	90. 會用火夾子夾物…………………………………								
	91. 會使用小夾子或鑷子……………………………								
插　放	92. 會把東西放在指定地方…………………………								
	93. 會把東西放進開大口的容器內，如盒、袋、箱‥								
	94. 會套接物，如套筆套……………………………								
	95. 會把硬幣放入撲滿或電話投入口………………								
	96. 會把大形狀塊放入形狀板洞裏…………………								
	97. 會把大木柱插入板洞裏…………………………								
	98. 會把小形狀塊放入形狀板洞裏…………………								
	99. 會把小插棒放入插洞內…………………………								
	100. 會把鑰匙插入鑰匙孔內…………………………								
	101. 會把大小盒（或環）依大小順序套好…………								
	102. 能依範圍上插棒的數量、方向或顏色排在洞板上‥								
堆　疊	103. 會堆高三塊積木…………………………………								
	104. 會把積木堆成品字………………………………								
	105. 會堆高八塊積木。………………………………								
	106. 會用五塊積木搭橋………………………………								

	項目						
	107. 會用積木堆疊成階梯狀…………………………						
	108. 會用積木堆出簡單造型…………………………						
穿 串	109. 能穿大串珠…………………………………………						
	110. 能穿線過大針孔…………………………………						
	111. 會穿小串珠…………………………………………						
	112. 能依範圖中串珠的形狀、顏色順序穿珠………						
	113. 會穿針線…………………………………………						
腕 力	114. 會左右搖動會響物，如搖鈴……………………						
	115. 會把套緊的拼接物拔開…………………………						
	116. 會剝開糖菓紙……………………………………						
	117. 能一頁頁地翻頁…………………………………						
	118. 會把拼接物的兩部分套緊………………………						
	119. 會轉開（關）瓶蓋、門鈕……………………						
	120. 能把套環丟套在環柱上…………………………						
	121. 會均勻地纏粗線在線軸上………………………						
	122. 會均勻地纏細線在線軸上………………………						
	123. 會削鉛筆…………………………………………						
	124. 會用鑰匙開鎖……………………………………						

（「拼、剪」項目見「美勞」部分；「寫」項目見「書寫」部分）

大動作

一、基本動作

	項目						
頸	125. 仰臥時頸會左右轉動……………………………						
	126. 被豎抱起時，能挺直頭穩住不動……………						
	127. 俯臥時能舉起頭…………………………………						
	128. 俯臥舉起頭，能挺住不搖擺…………………						
	129. 能靈活轉動頸部…………………………………						
滾翻	130. 伸出手肘撐住身體………………………………						
	131. 俯臥時會用手臂撐起身體……………………						
	132. 俯臥時會用單手臂撐住身體…………………						
	133. 會由俯臥轉身成仰臥…………………………						
	134. 會由仰臥轉成俯臥……………………………						
坐	135. 抓住成人手或支柱即能挺身坐起……………						
	136. 能由臥而坐起……………………………………						
	137. 能在無人物支撐下獨坐一段時間 …………						
	138. 能由坐而臥……………………………………						

爬	139.	俯臥時能隨意匍匐爬行…………………										
	140.	手腿同時伸出往前爬………………………										
	141.	手腿交錯往前爬……………………………										
	142.	手與膝蓋交錯爬行前進……………………										
	143.	會爬行上樓梯………………………………										
	144.	會滑坐下樓梯………………………………										
	145.	能爬坐上小椅子或小輪玩具………………										
	146.	能爬越障礙物………………………………										
	147.	能爬坐上大椅子……………………………										
站	148.	由人扶著能站立一段時間…………………										
	149.	能自己扶著東西站立一段時間……………										
	150.	不扶物能站立一會兒………………………										
	151.	能由站而坐下………………………………										
	152.	能由坐而站起………………………………										
走	153.	在成人協助下邁開一小步…………………										
	154.	大人牽著手走時，能走得穩………………										
	155.	會自己走……………………………………										
	156.	會兩腳同踏一階梯地上下樓梯……………										
	157.	會上下傾斜約 15 度的斜坡………………										
	158.	能交替兩腳走過平梯的每個格間…………										
	159.	能側走幾步…………………………………										
	160.	能倒走幾步…………………………………										
	161.	能左右腳交互上下樓梯……………………										
	162.	能兩腳踏一格地上下梯子…………………										
	163.	走路時會閃躲撞向自己的物體……………										
	164.	走路時能超越或避開路上的障礙物………										
跑	165.	跑步時能正確擺動手部……………………										
	166.	能原地跑步…………………………………										
	167.	會往前跑約十步遠…………………………										
	168.	會往後跑幾步………………………………										
	169.	跑步時能避開道上的障礙物………………										
	170.	能在約 15 公分寬的直線上跑……………										
	171.	能順著 S 形的曲線跑………………………										
跳	172.	能自 30～50 公分高處雙腳跳下站穩……										
	173.	雙腳原地跳起………………………………										
	174.	雙腳立定跳遠 20 公分以上………………										
	175.	單腳原地連續跳四下以上…………………										
	176.	單腳立定跳遠 20 公分以上………………										
	177.	雙腳往前連續跳……………………………										
	178.	單腳往前連續跳……………………………										

	179. 單腳原地左右交換跳 …………………………………							
	180. 左右腳前後交換跳兩次 ………………………………							
	181. 雙腳立定跳遠 90 公分以上 …………………………							
	182. 單腳立定跳遠 45 公分以上							
	183. 能跳過道上的低障碍物 ………………………………							
	184. 會急行跳遠 …………………………………………							
平衡	185. 跌倒時會伸出手臂護衛自己 …………………………							
	186. 彎腰撿東西時不會跌倒 ………………………………							
	187. 蹲下時能保持平衡不跌倒 …………………………							
	188. 能原地轉圈 …………………………………………							
	189. 扶物能單腳站立 ……………………………………							
	190. 能腳尖站立十秒 ……………………………………							
	191. 能提抱東西走路 ……………………………………							
	192. 能在彈簧床上跳，保持平衡 ………………………							
	193. 能一面跑一面撿物不跌倒 …………………………							
	194. 能坐在大球上保持平衡 ……………………………							
	195. 能在 10 公分寬的直線上走 3 公尺，不超出線外·							
	196. 能在 5 公分寬的直線上走 3 公尺，不超出線外…							
	197. 能沿 S 形曲線走，不超出線外 ……………………							
	198. 能沿 6 公尺直徑大的圓行走，不超出線外 ……							
	199. 兩眼張開雙臂旁伸（或交叉胸前）單腳站立 5 秒·							
	200. 兩眼閉上雙臂旁伸（或交叉胸前）單腳站立 5 秒·							
	201. 兩眼張開單腳站立 10 秒 …………………………							
	202. 兩眼閉上單腳站立 10 秒 …………………………							
	203. 手抱大型物擋住視線還能走至少 3 公尺遠………							

二、體能活動

整 隊	204. 能做立正姿勢 ………………………………………							
	205. 會向前看齊 …………………………………………							
	206. 會做稍息姿勢 ………………………………………							
	207. 能排在隊伍裏不脫隊 ………………………………							
	208. 能照順序排在縱隊裏 ………………………………							
	209. 能照順序排在橫隊裏 ………………………………							
	210. 會原地踏步立定 ……………………………………							
	211. 能依口令做蹲下起立動作…………………………							
	212. 能依口令做行進—停止動作………………………							
	213. 能依口令做跑—停動作……………………………							
	214. 行進中不脫隊 ………………………………………							
	215. 能依口令做左右轉的動作…………………………							
	216. 能依口令做向後轉的動作…………………………							

徒手體操	217.	會做頭部繞圈動作 ………………………………								
	218.	會上下聳動或前後轉動肩膀 …………………								
	219.	會做臀部繞圈動作 ………………………………								
	220.	會雙手扶膝做膝關節繞圈動作 ………………								
	221.	會做腳踝關節轉圈動作…………………………								
	222.	會單腳站立，另一腳懸空做繞圈動作 ………								
	223.	雙腳合併前後或左右跳…………………………								
	224.	會做單腳抬腿踢的動作 ………………………								
	225.	會做上肢運動 …………………………………								
	226.	會做下肢運動 …………………………………								
	227.	會做四肢運動 …………………………………								
	228.	會做挺胸運動 …………………………………								
	229.	會做前彎體運動 ………………………………								
	230.	會做後彎體運動 ………………………………								
	231.	會做側彎體運動 ………………………………								
	232.	會做側轉體運動 ………………………………								
	233.	會做跳躍運動 …………………………………								
	234.	會做緩和運動 …………………………………								
平衡木活動	235.	能站在10公分寬的平衡木上約10秒 ………								
	236.	別人扶著走平衡木2公尺遠 …………………								
	237.	能張眼單腳站立於平衡木上5秒 ……………								
	238.	能閉眼單腳站立於平衡木上5秒 ……………								
	239.	會自己走平衡木2公尺遠………………………								
	240.	能走在斜約15度的平衡木上 …………………								
	241.	能坐在平衡木上移動 …………………………								
	242.	會以橫步走平衡木………………………………								
	243.	會倒走平衡木……………………………………								
	244.	能跨越平衡木上的障礙物………………………								
	245.	能在平衡板上恍動不掉下………………………								
	246.	能閉眼走平衡木 ………………………………								
	247.	能在平衡木上轉身前行 ………………………								
	248.	能在平衡木上原地跳起再站穩 ………………								
球類活動	249.	會坐著滾動大球…………………………………								
	250.	用手臂推開從150公分外擲來的大球…………								
	251.	會滾動大球擊倒2～3公尺外的目標 …………								
	252.	能接住滾地球……………………………………								
	253.	雙手把大球擲向地上……………………………								
	254.	雙手握大球從胸前擲向前………………………								

	255. 會把大球往上扔 ………………………………	
	256. 會以身體和手臂抱住擲來的反彈球 …………	
	257. 會原地踢動靜止的大球 …………………………	
	258. 會以身體和手臂抱住 2 公尺遠擲來的大球 ……	
	259. 把球往上扔後，會再用手接住 ………………	
	260. 把球拍向地上後，再接住反彈球 ……………	
	261. 會把球丟給距離 150 公分遠的人 ……………	
	262. 會把大球擲向牆壁後再接住 …………………	
	263. 會用手接住別人擲來的大球 …………………	
	264. 能把球投入 90 公分遠的球籃 ………………	
	265. 會側身以過肩法擲球 …………………………	
	266. 會原地拍球 ……………………………………	
	267. 能接住 2 公尺遠擲來的小球 …………………	
	268. 會單手接軟球或沙袋 …………………………	
	269. 會走步踢動靜止的球 …………………………	
	270. 會用球棒打擊靜止的大球 ……………………	
	271. 會用球棒打擊滾動的球 ………………………	
	272. 會用球棒打擊擲來的球 ………………………	
	273. 能接住從 6 公尺遠擲來的小球 ………………	
	274. 能把小球擲出 15 公尺遠 ……………………	
墊上活動	275. 能原地跳起轉圈（90 度以上）………………	
	276. 俯臥手臂撐起上半身往後仰 …………………	
	277. 會側滾翻 ……………………………………	
	278. 會前滾翻 ……………………………………	
	279. 會抱膝蹲往後滾半圈再回原位 ………………	
	280. 會坐著兩腿側伸，左（右）手側身觸右（左）腳尖	
	281. 能做仰臥起坐 ………………………………	
	282. 會做女式俯地挺身（即俯臥舉起膝蓋以上身體）	
	283. 會後滾翻 ……………………………………	
	284. 會連續滾翻 …………………………………	
	285. 會手腳撐地，雙腳前後交互跳 ………………	
	286. 能做男式俯地挺身 …………………………	
跳繩活動	287. 單手握繩做甩地繞圈動作 ……………………	
	288. 單手握繩做左右交叉甩地繞圈動作 …………	
	289. 雙手握繩頭做左右交叉甩地繞圈動作 ………	
	290. 能跨過別人搖動慢速移動的繩子 …………	
	291. 能從 60～90 公分高的繩下穿過 ……………	
	292. 跳過 15～45 公分高的繩子 …………………	
	293. 能隨地上慢速移動的繩子左右跳 …………	

— 32 —

	294.	會單人跳繩一次 ……………………………						
	295.	能從 30～50 公分高的繩下穿過 …………						
	296.	和同伴一同搖擺長繩子 ……………………						
	297.	能穿過別人搖擺的繩子而不碰到 …………						
	298.	會單人跳繩三次 ……………………………						
	299.	能跳入擺動中的跳繩跳一下 ……………						
	300.	會做連續單人跳 ……………………………						
	301.	能進入搖動中的繩子跳二次以上 ………						
呼拉圈活動	302.	能一步步跨過接排在地上的呼拉圈 ………						
	303.	能鑽過呼拉圈 ………………………………						
	304.	能併跳過不同距離的呼拉圈 ……………						
	305.	會滾動呼拉圈（輪胎） ……………………						
	306.	雙手接住一公尺遠滾來的呼拉圈（輪胎）……						
	307.	會用呼拉圈套住二公尺遠的目標 ………						
	308.	單手接住一公尺遠滾來的呼拉圈（輪胎）…						
	309.	會一面滾動呼拉圈或輪胎，一面跟著跑						
	310.	會把呼拉圈套在前臂上搖動 ……………						
	311.	會腰部扭動呼拉圈 …………………………						
單槓活動	312.	能正握槓懸垂 5 秒 ………………………						
	313.	能反握槓懸垂 5 秒 ………………………						
	314.	能跳起抓槓持續 5 秒 ……………………						
	315.	能手握槓身體呈 L 型懸垂 3 秒 …………						
	316.	懸垂時會擺動幾下 ………………………						
	317.	自懸垂擺動跳下而不跌倒 ………………						
	318.	會做引起向上一次 ………………………						
	319.	下巴能抬在槓上 3 秒以上 ………………						
	320.	能抓槓，雙腳交叉掛於槓上成倒吊姿勢 5 秒…						
	321.	雙手撐於槓上 5 秒 ………………………						
	322.	會做前迴環下 ……………………………						
	323.	會做後迴環上 ……………………………						
游泳	324.	敢入游泳池 ………………………………						
	325.	敢在淺水處行走及起坐 …………………						
	326.	敢在深水中行走 …………………………						
	327.	在水中手做划行動作 ……………………						
	328.	能把頭沒入水中 …………………………						
	329.	雙手扶岸，於水中做踢水動作 …………						
	330.	著救生圈手腳游動 ………………………						
	331.	在陸上做自由式手腳的擺動 ……………						
	332.	能在水中做原地俯漂 ……………………						

333. 在水中做自由式手腳的擺動………………………											
334. 做原地仰漂											
335. 在水中能睜開眼睛………………………											
336. 能用蛙式游動………………………											
337. 會在水中吐氣………………………											
338. 游動時會換氣………………………											
其他 339. 會盪鞦韆………………………											
340. 會騎動三輪車………………………											
341. 騎三輪車會轉彎………………………											
342. 會攀爬繩梯，並從一面翻身至另一面………											
343. 會爬竿………………………											
344. 能做跨箱撐坐動作………………………											
345. 會踢毽子………………………											
346. 會拔河………………………											
347. 坐或臥於滑板上由斜坡而下………………											
348. 能坐或臥於滑板上控制滑動速度…………											
349. 會在沙坑做挖、堆、踩的各種活動………											
350. 會丟飛盤………………………											

肆、語言能力

發音前能力

1.	保持有規則節奏的呼吸 ……………………………
2.	能控制不流口水 ……………………………………
3.	會朝一目標吹氣（如吹動小風車）………………
4.	吹氣能控制力量，如吹羽毛、蠟燭等力量各不同
5.	會模仿咬緊牙齒 ……………………………………
6.	會模仿張開嘴巴 ……………………………………
7.	會照別人要求緊閉雙唇 ……………………………
8.	會照別人要求作親吻狀 ……………………………
9.	會上齒咬下唇 ………………………………………
10.	會把口張開約兩手指寬 ……………………………
11.	能把舌頭伸向口外任何方向 ………………………
12.	把舌頭鬆弛地平伸出口外 …………………………
13.	舌頭上下移動，舐觸雙唇 …………………………
14.	舌頭上下移動，但不觸及雙唇 ……………………
15.	舌頭左右移動，舐觸唇兩邊 ………………………
16.	舌頭左右移動，但不觸及唇兩邊 …………………
17.	舌頭舐住上唇不動 …………………………………
18.	舌頭舐住下唇不動 …………………………………
19.	快速間斷地以舌舐上唇 ……………………………
20.	快速間斷地以舌舐下唇 ……………………………
21.	舌頭舐住上齒齦 ……………………………………
22.	舌頭舐住下齒齦 ……………………………………
23.	舌頭舐住口腔上方 …………………………………
24.	會捲舌 ………………………………………………

發音

25.	能以聲音表示不同的感覺…………………………
26.	重覆發同一單音，如ㄚㄚ
27.	會模仿動物或東西發出的聲音，如ㄨㄤ、ㄨㄤ 或咳嗽聲
28.	能模仿發字音…………………………………………
29.	能正確發韻母音………………………………………
30.	能正確發聲母音………………………………………
31.	能正確發四聲 ………………………………………

表　達

非口語

32. 會以面部表情和手勢表達需要或期望 ……………	
33. 會拉著別人去拿物或看某人 …………………………	
34. 會用點頭、搖頭回答問題 …………………………………	
35. 會指認常用品五種以上 …………………………………	

基本語句

36. 會說爸媽等有意義的單字音 …………………………	
37. 會回答「這（那）是什麼（誰）？」的問題 …	
38. 會以動詞回答「……在做什麼？」的問題………	
39. 會說肯定、否定詞，如「要」與「不要」等以表達其需求	
40. 會用名、動詞混合句表達需要或期望，如吃餅乾,爸爸來·	
41. 會以「××（名字）的」回答「這是誰的？」的問題·	
42. 會說「我」、「我的」表示自我 …………………	
43. 會說有「你」、「我」、「他」等代名詞的語句……	
44. 會以形容詞、名詞混合句表達其需要,如大球 ……	
45. 能就別人描述常用品的用途,指認或說出其名稱·	
46. 會說有「是」、「有」、「要」等的肯定敍述句·	
47. 會說「不是」「沒有」「不要」等否定敍述句,如這不是球·	
48. 會說短慣用語,如「乖」、「不要哭」等………	
49. 會用有副詞的語句,如快點…………………………	
50. 會回答「……在那裏？」的問題…………………	
51. 會回答「……怎麼了？」的問題…………………	
52. 會用請求句,如「我可不可以拿？」……………	
53. 會用兩個形容詞形容某物…………………………	
54. 會使用冠詞描述名詞,如一個蘋果………………	
55. 會說完整長句表達意思或回答別人問話…………	
56. 會回答「為什麼？」的問題……………………	
57. 會說相反詞,如爸爸是男的,媽媽是女的………	
58. 會說有連接詞的句子 ……………………………	
59. 能說明感官及常用品的用途,如「耳朵做什麼？」	
60. 從聽過的故事中,回答簡單的問題………………	
61. 會回答「假如……會發生什麼？」的問題……	

複（描）述

62. 能複述簡短命令,如「拿好」…………………	
63. 會以名、動詞描述圖片或故事書的內容………	
64. 能以簡單語詞描述每天生活經驗 ……………	
65. 能簡單描述天氣狀況……………………………	
66. 能以兩句或兩句以上的句子描述某事物或情境…	

67. 能正確轉述別人的話或交待的事情 …………								
68. 能重述別人剛說的故事主要情節 …………								
69. 能重述聽過的熟悉故事的大意 …………								
70. 能按順序描述過去及未來的經驗 …………								
71. 能按順序描述故事的大部分細節 …………								

社交會話

72. 和人交談時,能看著對方 …………								
73. 和人交談時,保持適當距離 …………								
74. 會和人打招呼問好或道別 …………								
75. 借用東西會先徵詢別人同意 …………								
76. 會說「謝謝」、「不客氣」、「請」等客氣話‥								
77. 做錯事會道歉 …………								
78. 得到別人同意才發言 …………								
79. 別人說話的時候,能保持安靜 …………								
80. 和人交談,能叫得出對方的名字或頭銜 ……								
81. 說話能適量 …………								
82. 和人交談時,不打斷別人的話 …………								
83. 說話音量大小適中 …………								
84. 說話聲調高低適中 …………								
85. 說話速度快慢適中 …………								
86. 說話不結巴 …………								
87. 不說髒話 …………								
88. 應門或接聽電話,能有適度禮貌 …………								
89. 能以簡單會話接聽電話 …………								
90. 會自我介紹或介紹別人 …………								

伍、基本學科能力

	學生姓名（或評量時間）							
1. 做容易或熟悉的工作，注意力能持續30秒……								
2. 做容易或熟悉的工作，注意力能持續1分鐘 …								
3. 做容易或熟悉的工作，注意力能持續5分鐘 …								
4. 做容易或熟悉的工作，注意力能持續10分鐘…								
5. 做容易或熟悉的工作，注意力能持續20分鐘…								
6. 做困難的工作，注意力能持續1分鐘 ………								
7. 做困難的工作，注意力能持續5分鐘 ………								
8. 做困難的工作，注意力能持續10分鐘 ……								
9. 做困難的工作，注意力能持續20分鐘 ……								
10. 能參與小組活動（工作）5分鐘…………								
11. 能參與小組活動（工作）10分鐘…………								
12. 能參與小組活動（工作）20分鐘…………								
13. 團體聽故事或音樂的整段時間內都能靜坐 ……								
14. 整節課都能專心參與工作 ………………								
15. 在要求的時間內幾乎都能靜坐…………								
16. 出現分心物，仍能繼續工作（活動）………								

閱讀

辨認

17. 能辨認常用物品………………………								
18. 能辨認照片中的自己及熟悉的人物…………								
19. 能辨認自己的所有物…………………								
20. 能指認實物圖片……………………								
21. 能配對相同圖片……………………								
22. 能把圖片兩部分拼接成完整實物圖片……								
23. 能按類別分類實物圖片………………								
24. 能辨認抽象圖片，如美、快樂等…………								
25. 能辨認圖中缺少的部分………………								
26. 能辨認生活常見的標誌，如紅綠燈等……								
27. 能從差別大的字詞卡中挑出相同者……								
28. 能從類似的字詞卡中挑出相同者………								
29. 能按發生順序排列故事情境卡片 ………								
30. 會配對相反字詞卡 …………………								

類別	編號	項目								
	31.	會從實物或圖片中找出不屬同類者 ……………								
	32.	會從實物或圖片中找出錯誤或不合理處 ………								
	33.	能區別三～五樣東西的相似處 ………………								
	34.	能區別三～五樣東西的相異處 ………………								
認　讀	35.	能認讀自己的姓名 …………………………								
	36.	能認讀同學、老師的姓名 …………………								
	37.	能認讀學校、班級名 ………………………								
	38.	能認讀父母、兄弟姐妹名 …………………								
	39.	能認讀簡單的標語，如「男」、「女」、「出口」等.								
	40.	能認讀常用字詞 ……………………………								
	41.	能認讀簡單文句 ……………………………								
	42.	能認讀短文、便條內容 ……………………								
	43.	能認讀注音符號 ……………………………								
	44.	會讀信 ………………………………………								
	45.	能認讀標籤 …………………………………								
	46.	能讀百貨公司的部門 ………………………								
	47.	會讀時刻表 …………………………………								
	48.	能讀收據或帳單的資料 ……………………								
	49.	能讀菜單 ……………………………………								
	50.	能讀電話簿等目錄 …………………………								
讀　法	51.	會由左而右，由右而左或由上而下讀 ………								
	52.	能手指著一個字一個字讀 …………………								
	53.	能照標點符號讀……………………………								
	54.	能眼看書讀…………………………………								
	55.	唸書速度適當………………………………								
閱讀理解	56.	能看圖說大意………………………………								
	57.	能就圖畫書的內容，回答簡單的問題 ………								
	58.	能看圖說故事細節…………………………								
	59.	能隨別人唸故事的內容適時翻頁……………								
	60.	能從書中找出某段句子……………………								
	61.	能照字條內容完成工作或活動……………								
	62.	能說明簡單文句的主要涵意………………								
	63.	能從一段文句內容，回答有關問題………								
	64.	能從一篇短文的內容中，回答有關問題……								
閱讀習慣	65.	能主動閱讀…………………………………								
	66.	能獨自安靜閱讀……………………………								
	67.	閱讀姿勢正確………………………………								

書　寫

握筆與姿勢	68. 會拳握筆畫線 ……………									
	69. 能正確用手指握筆 …………									
	70. 能輕鬆握筆 ………………									
	71. 寫字姿勢正確 ……………									
仿　寫	72. 能沿二條水平直線內畫線 ……									
	73. 能沿二條垂直線內畫線 ……									
	74. 會沿二條有角度曲線內畫線…									
	75. 會描連虛線 ………………									
	76. 會連兩點成直線 ……………									
	77. 會仿畫垂直線 ……………									
	78. 會仿畫水平線 ……………									
	79. 會仿畫圓 …………………									
	80. 會仿畫斜線（＼，／）……									
	81. 會仿畫鉤狀線（∨）………									
	82. 會仿畫正十字（＋）………									
	83. 會仿畫斜十字（×）………									
	84. 會仿畫四方形 ……………									
	85. 會仿畫三角形 ……………									
	86. 會仿畫菱形 ………………									
	87. 會仿畫字及數字的基本線段，如ㄟ、ㄴ、ノ、フ、∪.									
	88. 能按筆順仿寫簡易字 ………									
	89. 能仿寫自己的名字 …………									
	90. 能連虛線寫自己的基本資料 …									
	91. 能仿寫短字詞 ……………									
	92. 寫字時字行空間一致 ………									
	93. 能仿寫短句 ………………									
	94. 能按標點符號抄寫短文……									
自己寫	95. 會自己畫直線 ……………									
	96. 會自己畫圓 ………………									
	97. 會自己畫十字 ……………									
	98. 會自己畫四方形 ……………									
	99. 會自畫三角形 ……………									
	100. 會自己畫菱形 ……………									
	101. 會寫簡易字 ………………									
	102. 會寫自己的姓名 ……………									
	103. 會寫自己的性別 ……………									

104.	會寫自己的年齡	
105.	會寫電話號碼	
106.	會寫父母、兄弟姐妹的姓名	
107.	會寫自己的籍貫或出生地	
108.	會寫當天的日期	
109.	會寫自己的住址	
110.	會寫身份證字號	
111.	會填教育程度	
112.	會寫簡單短句	
113.	會填寫存款單等簡單表格	
114.	能簡單記下電話留言或交待事項	
115.	會寫信封	
116.	會寫簡單的信	
117.	會填寫較複雜的書面資料	

數　學

一、基本概念

對應	118.	能配對實物	
	119.	能分類實物	
形狀	120.	能分類形狀	
	121.	能辨認○□△	
	122.	能辨認□◇	
大小	123.	能依實物的大小分類	
	124.	有大小概念	
	125.	能把實物按大小順序排列	
顏色	126.	能依基本顏色分類	
	127.	能辨認至少六種基本顏色	
	128.	能辨認並說出六種以上的顏色	
其他	129.	能區別直線與曲線	
	130.	有開合的概念	
	131.	會區分上、下	
	132.	會區分前、後、中間	
	133.	能區別裏、外	
	134.	能區別粗、細	
	135.	能區別厚、薄	
	136.	能區別左右	
	137.	能區別速度的快慢	
	138.	能區別東西南北	

二、數

類別	編號	項目								
唱　數	139.	會唱數 1～3								
	140.	會唱數 1～10								
	141.	會唱數 1～20								
	142.	會唱數 1～50								
	143.	會從 10 倒數至 1								
	144.	會唱數 1～100								
	145.	會唱數至 100 以上								
點　數	146.	會數數 1～5								
	147.	會數數 1～10								
	148.	會數數 1～20								
	149.	會數數 20 以上								
	150.	會 5 以內數量的實物配對								
	151.	會 10 以內數量的實物配對								
	152.	會 10 個一數								
	153.	會 5 個一數								
	154.	會 2 個一數								
	155.	會 50 個、100 個一數								
數概念	156.	有 1 的概念								
	157.	有 1～3 的概念								
	158.	有 1～10 的概念								
	159.	有零的概念								
	160.	有 10 以上的數概念								
	161.	有奇數、偶數的概念								
認　數	162.	會認數 1～3								
	163.	會認數 1～5								
	164.	會認數 1～9								
	165.	會認數 0								
	166.	會認數 1～20								
	167.	會認數 20 以上								
	168.	能把數字按大小順序排列								
	169.	能辨認兩數字間的某數								
	170.	能辨認某數字前後的數字								
	171.	會 10 以內數字大小比較								
	172.	會 20 以內數字大小比較								
	173.	會認國字數目字一、二……等								
	174.	會認國字拾、百、千……等								

	175. 會認大寫數目字壹、貳……等								
	176. 會 50 以內數字大小比較								
	177. 會 50 以上數字大小比較								
寫　數	178. 會寫數 1～3								
	179. 會寫數 0								
	180. 會寫數 1～5								
	181. 會寫數 1～10								
	182. 會寫數 1～20								
	183. 會寫數 20 以上								
	184. 會寫國字數目字一、二……十等								
	185. 會寫國字百、千、萬等								
	186. 會寫大寫數目字：壹、貳……拾等								
序　數	187. 能辨認第一和最後								
	188. 能數出某物在十個內的東西中所占的次序，如第 8								
	189. 能數出某物在十個內的東西中所占的次序位置.								
	190. 能估計概數								
加　減	191. 有添加的概念								
	192. 有合併的概念								
	193. 能用實物運算 1～3 的加法								
	194. 能用實物運算 1～5 的加法								
	195. 能用實物運算 1～10 的加法								
	196. 了解加號及等號的意義								
	197. 有「個」、「十」的位值概念								
	198. 會個位數不進位二數加法								
	199. 會一位數不進位三數連加								
	200. 會二位數加一位數不進位加法								
	201. 有「百」、「千」的位值概念								
	202. 會三、四位數不進位加法								
	203. 會〇的加法								
	204. 會個位數進位加法								
	205. 會二、三位數進位加法								
	206. 有四位數以上的位值概念								
	207. 會三位數以上進位加法								
	208. 會加法的交換性質，如 $2+3=3+2=5$ ...								
	209. 會加法的結合性質，如（$2+5$）$+3$								
	210. 會用加法解答應用問題								
	211. 有剩餘的概念								
	212. 有相差的概念								
	213. 能用實物運算 1～3 的減法								

214. 能用實物運算 1～5 的減法…………………………											
215. 能用實物運算 1～10 的減法………………………											
216. 了解減號的意義……………………………………											
217. 會被減數在 5 以內的一位數減法………………											
218. 會一位數減法………………………………………											
219. 會二、三位數不退位減法…………………………											
220. 會○的減法…………………………………………											
221. 會二位數退位減法…………………………………											
222. 會三位數退位減法…………………………………											
223. 會三位數以上的減法………………………………											
224. 能用減法解答應用問題……………………………											
225. 會用計算機做加減法運算…………………………											

乘 除

226. 有連加等於相乘的概念……………………………											
227. 了解乘號與除號的意義……………………………											
228. 會乘數為 1～3 的乘法……………………………											
229. 會九九乘法…………………………………………											
230. 有乘零等於零的概念………………………………											
231. 有乘 1 等於原數目的概念………………………											
232. 會乘數為一位數的乘法……………………………											
233. 會乘數為 10，100，1000 的乘法………………											
234. 會二位數與一位數的乘法…………………………											
235. 會乘數為一位數的乘法……………………………											
236. 會乘數為三、四位數的乘法………………………											
237. 會除數為一位數的除法……………………………											
238. 有除零等於零的概念………………………………											
239. 會除數為二位數的除法……………………………											
240. 會除數為二位數以上的除法………………………											
241. 會用乘除法解答應用問題…………………………											
242. 會用計算機做乘除法的運算………………………											

分 數

243. 有整體與部分的分離概念…………………………											
244. 有整體與部分的混合概念…………………………											
245. 有等分的概念………………………………………											
246. 能區別整體內部分的大小…………………………											
247. 有部分與分數的等值概念，如 $\frac{1}{2}$＝⬤											
248. 認識分數的寫法……………………………………											
249. 會比較分數的大小…………………………………											
250. 會區別真分數和假分數……………………………											
251. 會分數的加法計算…………………………………											
252. 會分數的減法計算…………………………………											

	253. 會分數的乘法運算 ·························	
	254. 會分數除以整數 ··························	
	255. 會整數除以分數 ··························	
小　數	256. 會區別小數與整數 ·······················	
	257. 能區別分數與小數的相等關係，如 $\frac{1}{2}=0.5$ ····	
	258. 會小數的加減法 ··························	
	259. 會小數的乘法 ····························	
	260. 會小數的除法 ····························	
百分比	261. 能認識百分比的意義 ·····················	
	262. 會計算百分比，如 100 元的百分之五是五元 ···	
	263. 知道打折的意義，並能算出折扣的錢數 ········	

三、量與實測

長　度	264. 能依實物的長短分類 ·····················	
	265. 有長短概念 ······························	
	266. 能按長短順序排列實物 ···················	
	267. 能按高低排列實物 ·······················	
	268. 有高低概念 ······························	
	269. 能區別遠近 ······························	
	270. 能區別深淺 ······························	
	271. 能認識測量工具 ··························	
	272. 能認識量尺上的刻度（公尺、公分）·········	
	273. 有等長的換算概念，如 1 公尺 = 100 公分 ······	
	274. 會用尺量某物的長度（或高度）·············	
	275. 能了解長寬厚薄與空間大小間的關係 ·········	
	276. 了解測量距離的「公里」··················	
	277. 認識英制測量單位的生活用途 ···············	
重　量	278. 有輕重概念 ······························	
	279. 能認識測重量的單位，如公斤等 ···········	
	280. 有等重的概念 ····························	
	281. 有等重的換算概念，如 1 公斤 = 100 公克 ······	
	282. 能平衡天平兩邊的重量 ···················	
	283. 能加東西到秤錘上，使重量達某刻度 ·········	
	284. 能看懂並說出秤錘所漂示物品大概的重量 ·····	
	285. 能測出並說出某物的精確重量 ··············	
	286. 會磅、斤兩的測量與換算 ·················	
容　量	287. 有空滿的概念 ····························	
	288. 會區別容量的多少 ·······················	
	289. 會用容器測容量，如加兩杯水 ··············	

分類	編號	項目								
	290.	知道一打＝12個 …………………………………								
	291.	能認識測容量的單位，如公升等 ……………								
	292.	會換算容量，如1公升＝1000c.c. …………								
	293.	能添加使容量達某刻度 ………………………								
	294.	能測量並說出某液體（或半固體）的精確容量 ‥								
溫　度	295.	能區別冷熱 ………………………………								
	296.	認識溫度計								
	297.	了解溫度與情境的關係 ………………………								
	298.	會比較溫度的高低 ……………………………								
	299.	認識溫度計上的刻度 …………………………								
	300.	會溫度的寫法，如25°C								
	301.	認識沸點與冰點 ………………………………								
	302.	能說出大概的溫度 ……………………………								
	303.	能辨識並說出正確的溫度 ……………………								
時間：基本概念	304.	能指認事件發生的順序 ………………………								
	305.	能辨別白天與晚上及其相關的活動 …………								
	306.	能辨別早上與下午 ……………………………								
	307.	能區別某事件的進行時間長短快慢 …………								
	308.	能區別東西的新舊 ……………………………								
	309.	能區別年齡的老少與大小 ……………………								
	310.	能有今天、昨天、明天的概念 ………………								
時鐘	311.	能辨認並說出鐘面上的數字 …………………								
	312.	知道幾點與某常規活動的關係，如8點上學 ‥‥								
	313.	能以「小時」為單位說出時間，如8點 ………								
	314.	知道一天有24小時 ……………………………								
	315.	能以「半點鐘」為單位說出時間，如8點半 ‥‥								
	316.	知道一小時有60分 ……………………………								
	317.	能以「十五分」一刻鐘為單位說出時間，如6點15分								
	318.	能以「五分」為單位說出時間，如5點5分 ‥								
	319.	能說正確時刻，如5點32分 …………………								
	320.	能估計某活動所需時間 ………………………								
	321.	會運用加減法算出正確時刻 …………………								
	322.	會時間的寫法 …………………………………								
日(月)曆	323.	知道星期幾與某常規活動的關係，如星期日放假‥								
	324.	能以星期日為首，區別星期週日的順序 ……								
	325.	能辨識月曆上的星期週日 ……………………								
	326.	能辨識及說出當天所屬的年份 ………………								
	327.	能辨認月曆上的月份 …………………………								
	328.	能辨識一年有十二個月及其順序 ……………								

329. 能大概了解月份與季節的關係，如八月是夏天…								
330. 能說出一個月有幾天……………………………								
331. 能辨認及說出當天所屬月份…………………								
332. 能說出一年有幾天 …………………………								
333. 能辨認及說出昨、今、明天是星期幾 ………								
334. 能辨認及說出當天的年月日…………………								
335. 能指認及說出月曆上的某日期，如七月第二個星期日…								
336. 能計算一段時間後的某日期，如二星期後的今天·								

錢幣

337. 有錢幣交換的概念…………………………								
338. 能分類錢幣………………………………								
339. 能辨認一元、五元、十元的硬幣…………								
340. 說出硬幣的幣值……………………………								
341. 會比較硬幣值的大小………………………								
342. 會用一元湊成五元…………………………								
343. 會用一元、五元湊成 10 元內的幣值……								
344. 能辨認十元、五十元及一百元的紙幣………								
345. 會辨認五百元及壹仟元的紙幣……………								
346. 能說出紙幣的幣值…………………………								
347. 會比較紙幣的大小…………………………								
348. 會用硬幣湊成 50 元內的幣值 ……………								
349. 會用硬幣及五十元紙幣湊成 100 元內的幣值……								
350. 會用紙幣十元、五十元及一百元湊成 500 元內的幣值·								
351. 會用紙幣一百、五百及一千元湊成 1000 元或以上的幣值								
352. 會用小數點及符號表示錢數，如一元五角＝＄1.5								
353. 會看得懂標籤上的錢數……………………								
354. 會購買身上帶有的錢數以內的物品………								
355. 購物時能正確找回零錢……………………								
356. 會照物品標價買賣東西……………………								

陸、休閒能力

音樂與韻律

	學生姓名（或評量時間）

節奏律動
1. 隨示範做動作，如摸頭等 ....
2. 會隨音樂節奏拍手、踏腳 ....
3. 會自己隨熟悉曲子打拍子 ....
4. 會隨音樂節奏走步（配合動作）.............
5. 會隨音樂節奏跑步（配合動作）.............
6. 會隨音樂節奏跳步 ....
7. 會隨音樂節奏變換步法 ....
8. 能模仿做各種動作，如鳥飛、大象走等.......
9. 能隨熟悉曲子模仿動作 ....
10. 能隨熟悉曲子自己做動作 ....
11. 能自己隨音樂節奏做各種動作 ....
12. 會前後或左右踏併步 ....
13. 會交換步 ....
14. 會跑跳步 ....
15. 會側邊跨跳步 ....
16. 會旋轉動作 ....
17. 能隨旋律節奏，即興表演動作 ....
18. 能以簡單步法跳舞 ....

聽　音
19. 能分辨大小（強弱）音 ....
20. 能分辨快慢（長短）音 ....
21. 能分辨高低音 ....
22. 能聽口令做出大小、長短或高低等動作.........

哼唱歌曲
23. 能跟著唸簡單童謠 ....
24. 能完整地唸簡單的童謠 ....
25. 能哼唱出熟悉歌曲的旋律.....................
26. 能跟著唱熟悉歌曲的部分歌詞 ....
27. 能跟著唱完一首歌 ....
28. 能獨唱完整的一首歌 ....
29. 會一邊唱一邊表演動作 ....

操作簡易樂器
30. 會敲打節奏樂器(如鼓、鈴、木魚、鈴鼓、三角鐵等).
31. 會使用節奏樂器按簡單節奏打拍子 ....
32. 能隨音樂節奏敲打節奏樂器 ....
33. 會用節奏樂器敲打出多種節奏 ....

— 49 —

34. 會用吹奏樂器（如口琴、笛子、喇叭等）吹聲‥	
35. 會用吹奏樂器吹出簡單旋律‥‥‥‥‥‥‥	
36. 能在眾人面前演奏樂器	
音樂欣賞 37. 能安靜欣賞童話音樂故事‥‥‥‥‥‥‥	
38. 能安靜欣賞歌曲‥‥‥‥‥‥‥‥‥‥‥	
39. 能安靜欣賞輕音樂‥‥‥‥‥‥‥‥‥‥	

美　勞

繪　畫 40. 會畫不規則的線條‥‥‥‥‥‥‥‥‥‥‥	
41. 會畫近乎圓的圈‥‥‥‥‥‥‥‥‥‥‥	
42. 能畫出可辨認的人形（如有眼、鼻、嘴的臉）‥	
43. 能畫出有頭、軀幹、四肢的人形‥‥‥‥‥	
44. 能畫出身體部位正確位置‥‥‥‥‥‥‥	
45. 會用各種色筆畫畫‥‥‥‥‥‥‥‥‥‥	
46. 會畫一種簡單的人物圖樣‥‥‥‥‥‥‥	
47. 能在不完整的人型圖上添畫上缺失的身體部位‥	
48. 會畫表示至少三種人物的圖樣‥‥‥‥‥	
49. 能畫出人物部位大小相當的畫‥‥‥‥‥	
50. 會畫表示情境的畫‥‥‥‥‥‥‥‥‥‥	
51. 會用色筆勾勒出輪廓‥‥‥‥‥‥‥‥‥	
52. 對畫出的人物能做細步的描繪或裝飾‥‥	
53. 會以不同簡單技巧作畫,如手指畫、吹畫、壓畫等‥	
著　色 54. 會在粗輪廓線的大範圍內著色(簡單圖形)‥‥	
55. 會在粗輪廓線的小範圍內著色(簡單圖形)‥‥	
56. 會在細輪廓線的大範圍內著色(簡單圖形)‥‥	
57. 會在細輪廓線的小範圍內著色(簡單圖形)‥‥	
58. 會依輪廓線的顏色著色‥‥‥‥‥‥‥‥	
59. 會著色複雜圖形‥‥‥‥‥‥‥‥‥‥‥	
黏土造形 60. 會任意揉捏黏土‥‥‥‥‥‥‥‥‥‥‥	
61. 會用黏土搓揉成長圓條‥‥‥‥‥‥‥‥	
62. 會用黏土搓揉成球‥‥‥‥‥‥‥‥‥‥	
63. 會把黏土壓平‥‥‥‥‥‥‥‥‥‥‥‥	
64. 會用鏤空模型把黏土壓印成各種造形‥‥‥	
65. 會用黏土捏成各種造形‥‥‥‥‥‥‥‥	
66. 會用各式刻刀在黏土上做各種造形‥‥‥‥	
剪　貼：撕 67. 會兩手反方向撕紙‥‥‥‥‥‥‥‥‥‥	
68. 會運用姆食指的力量撕紙‥‥‥‥‥‥‥	
69. 能把紙撕成小片‥‥‥‥‥‥‥‥‥‥‥	

		項目						
		70. 能把紙撕成長條 ………………………						
		71. 會沿已有直線撕紙 …………………						
		72. 會沿畫好的曲線撕 …………………						
		73. 會沿簡單形狀撕下 …………………						
	剪	74. 會開合剪刀 …………………………						
		75. 會剪小線段（剪一刀）……………						
		76. 會沿直線剪 …………………………						
		77. 會沿曲線剪 …………………………						
		78. 會沿大幾何圖形邊緣剪下 ………						
		79. 會沿小幾何圖形邊緣剪下 ………						
		80. 會自己剪下紙條 ……………………						
		81. 會自己剪下小方塊 …………………						
		82. 會剪下複雜圖形 ……………………						
		83. 會摺剪成各種造形 …………………						
	貼	84. 會把漿糊塗在紙上，再以另一紙貼在上面						
		85. 會把漿糊塗在一面後，翻面貼在另一張紙上 …						
		86. 會把碎紙或其他質料碎片黏拼在大的簡單圖樣輪廓內						
		87. 會把形狀貼紙對準貼在造形圖樣裏的輪廓內 …						
		88. 能沿紙張邊緣均勻塗漿糊，平貼紙上 ……						
		89. 會做簡單的剪貼造形 ………………						
		90. 能剪貼出手工藝品 …………………						
拼 摺	拼	91. 會兩塊簡單拼圖，如狗圖案或幾何圖形 ……						
		92. 會拼 3～5 塊的簡單拼圖 …………						
		93. 會拼五塊以上的複雜拼圖 ………						
		94. 能把二、三種圖形紙拼接成圖案造形 ……						
	摺	95. 會任意摺紙 …………………………						
		96. 會壓摺線 ……………………………						
		97. 會沿虛線摺紙 ………………………						
		98. 會對摺紙 ……………………………						
		99. 會對角摺紙 …………………………						
		100. 會摺信紙 ……………………………						
		101. 會連續摺紙成各種造形 …………						
		102. 會用紙包裝小物品 ………………						
		103. 會較複雜的包裝 …………………						
編 結		104. 會用上下穿串的方法編一行 ……						
		105. 會有層次地穿串編織交叉造形 …						
		106. 會編髮辮 …………………………						
		107. 會自由創造編織品 ………………						
其 他		108. 會以火柴等常用品或廢物拼黏成各種造形 ……						

109. 會做風箏 …………………………………………

110. 會做出刀刻木工成品 ………………………………

111. 會裝飾房舍 …………………………………………

112. 會以描影法等表現效果 ……………………………

柒、居家與工作能力

居家技能

		學生姓名（或評量時間）						

購物

1. 能辨別各類食物及常用品
2. 知道市場的地點
3. 買東西時能比較東西的價格
4. 能照清單買菜（用品）
5. 能知道大部分常吃食物或常用品的大約價格
6. 會擬菜單或購物清單
7. 會紀錄收支情形

炊事

8. 能分類並儲存買回的食物（用品）
9. 會區別食物應冷凍或冷藏
10. 能辨別廚具的用途
11. 煮食前會先清洗食物
12. 會把食物削皮
13. 會把食物切成大片（塊）
14. 會剁碎或磨碎食物
15. 會剝豆或去除不煮食部分
16. 會把食物切成小片（塊）
17. 會攪拌食物
18. 會用量杯、茶匙等用具測量容量
19. 會用電鍋煮飯
20. 會使用廚具
21. 會分辨食物煮熟與否
22. 會用抹布或護手套端熱鍋或熱盤碗
23. 會準備速食
24. 會丟棄腐壞的食物
25. 會煮簡單餐點
26. 煮食後會清理廚房
27. 會包好沒吃完的食物，並儲放冰箱

清掃

28. 會幫忙別人做家事
29. 會撿清地上紙屑、垃圾
30. 會用抹布擦拭或撢掉家具上的灰塵
31. 會用掃帚或拖把清掃地面
32. 會倒空垃圾筒或煙灰缸等
33. 會辨別清潔劑及清掃用具

		評量
	34. 能選擇使用適當的清掃用具 …………………	
	35. 會清洗水槽、廁所或地板等 …………………	
	36. 會清理房間 …………………………………	
	37. 會擦洗窗戶 …………………………………	
	38. 能定時或需要時清掃住所 …………………	
清理衣物	39. 會收拾東西放在固定地方 …………………	
	40. 會收集、分類髒衣服 ………………………	
	41. 會用手搓洗衣服 ……………………………	
	42. 會刷洗球鞋等 ………………………………	
	43. 會放入適量的洗衣粉 ………………………	
	44. 會操作洗衣機洗衣服 ………………………	
	45. 會用手扭乾或用烘乾機烘乾衣服 …………	
	46. 會晾晒衣服 …………………………………	
	47. 會摺疊衣服 …………………………………	
	48. 會把疊好的衣服放在固定的衣櫃裏 ………	
	49. 會燙無折簡單衣物,如手帕、被單 ………	
	50. 會燙衣服 ……………………………………	
	51. 會整理床舖 …………………………………	
	52. 會換床單 ……………………………………	
	53. 會縫鈕扣、補衣服 …………………………	
	54. 會佈置房間 …………………………………	
	55. 會簡單的修理工作,如裝燈泡等 …………	
園　藝	56. 會清掃落葉 …………………………………	
	57. 會拔雜草 ……………………………………	
	58. 會適量澆水 …………………………………	
	59. 會正確使用園藝工具,如鋤、鏟、耙等 …	
	60. 能保持工具的清潔 …………………………	
	61. 會挖洞栽 ……………………………………	
	62. 會翻地、耙平 ………………………………	
	63. 會修剪樹、割草 ……………………………	
	64. 會盆栽 ………………………………………	

工作能力

		評量
職業技能	65. 能做裝配的工作 ……………………………	
	66. 能做拆卸的工作 ……………………………	
	67. 能做裁剪小條(塊)的工作 ………………	
	68. 會做撿選分類的工作 ………………………	
	69. 會做包裝的工作 ……………………………	

70. 會做黏貼標籤的工作							
71. 會做綑紮的工作							
72. 會做其他簡易的工作，如洗頭、清掃、搬運、服務							
73. 會做洗車工							
74. 會做木工							
75. 會做油漆工							
76. 會栽種蔬菜或植物等農耕的工作							
77. 會餵養家畜							
78. 會做金工							
79. 會做縫紉或編織的工作							
80. 會做簡易電工等其他較困難的工作							

工作態度與習慣

81. 接受別人的指導							
82. 接受別人的批評，並照著修正工作							
83. 能參與團體性工作							
84. 能獨立作業							
85. 能維護工具							
86. 能保持工作區的清潔							
87. 工作完後能把工具收拾好或放回原處							
88. 工作的速度適當							
89. 能與工作伙伴和睦相處							
90. 能準時上下班							
91. 能按午餐或休息時間作息							
92. 能自己找出錯誤，並自動改正							
93. 能在工作場合表現適當行為							
94. 能注意工作的安全							

認識工作

95. 認識可能有的工作種類							
96. 了解自己的能力和興趣							
97. 了解某些工作需具備的能力							
98. 會選擇自己喜歡做的工作							
99. 了解工作需使用的工具或設備							
100. 了解工作的情境							
101. 了解工作的職責							

其他

102. 了解與工作有關的資料，如工作地點與時間、薪水							
103. 會搭乘上下班所需的交通工具							
104. 會善用工作報酬，如存錢							
105. 會記錄工作的時數							
106. 能依公司（工廠）標準自評工作成績							

參 考 資 料

徐享良（民72）：修訂適應行為量表。彰化市，國立台灣教育學院特殊教育學系印行。

徐澄清等編著（民72）：嬰幼兒發展測驗（再版）。台北市，杏文出版社。

許天威等（民74）：輕度智能不足者生活中心生計教育課程檢核表。彰化市，國立台灣教育學院
　　特殊教育學系印行。

劉鴻香譯（民62.）：可訓練的智能不足兒童教育實驗課程。台北市，台灣省立台北師範專科學校
　　出版：智能不足兒童教育叢書之十四。

教育部社會教育司（民72）：啓智學校課程綱要。台北市，教育部社會教育司編印。

台大醫院兒童心理衛生中心（民66）：學齡前兒童行為發展量表（4版）。台北市，台大醫院兒
　　童心理衛生中心印行。

台北市第一兒童發展文教基金會（民70）：個別教學課程綱要。台北市，台北市第一兒童發展文
　　教基金會編印：心智障礙兒童教育叢書之一。

台灣省立台北師專特殊教育中心編譯（民72）：可訓練智能不足兒童生活核心課程綱要。台北市
　　，省立台北師範專科學校印行。

台灣省立台南啓智學校（民73）：國語、知覺動作訓練、美勞、生活教育科細目與行為目標。台
　　南市，台灣省立台南啓智學校編印。

台灣省立台南啓智學校（民73）：體育、職業教育、音樂、數學科細目與行為目標。台南市，台
　　灣省立台南啓智學校編印。

Adams, J.L. (1975). *An education curriculum for the moderately, severely and pro-foundly mentally handicapped pupil.* Springfield, IL: Charles C Thomas.

Bender, M., & Valletutti, P.J. (1976). *Teaching the moderately and severely handicapped: curriculum, objectives, strategies, and activities. Vol. I- behavior, self-care, and motor skills.* Baltimore: University Park Press.

Bender, M., & Valletutti, P. J. (1976). *Teaching the moderately and severely handicapped: curriculum, objectives, strategies, and activities. Vol. II-communication, socialization, safety, and leisure time.* Baltimore: University Park Press.

Bender, M., & Valletutti, P. J. (1976). *Teaching the moderately and severely handicapped: curriculum, objectives, strategies, and activities. Vol. III-functional academics for the mildly and moderately handicapped.* Baltimore: University Park Press.

Berdine, W. H., & Cegelka, P. T. (1980). *Teaching the trainable retarded.* Columbus: Charles E. Merrill.

Bluma, S. et al (1976). *A parent's guide to early education: a special edition of the Portage Guide to early education.* Portage, WIS: Portage Project.

Bluma, S. et al. (1976). *Portage Guide to early education.* Portage, WIS: Portage Project.

DiNola, A. J., Kamivsky, B. P., & Sternfeld, A. E. (1970). *T.M.R. Performance Profile for the severely and moderately retarded.* Ridgefield, NJ: Educational Performance Association.

Fredericks, H. D. B. et al. (1980). *The teaching research curriculum for moderately and severely handicapped.* Springfield, IL: Charles C Thomas.

Kissinger, E. M. (1981). *A sequential curriculum for the severely and profoundly mentally retarded multi-handicapped.* Springfield, IL: Charles C Thomas.

Knobloch, H., & Pasamanick, B. (1974). *Gesell and Amatruda's developmental diagnosis-the evaluation and management of normal and abnormal neuropsychologic development in infancy and early childhood.* New York: Harper & Row.

Lerner, J., Mardel-Czudnowski, C., & Goldenberg, D. (1981). *Special education for the early childhood years.* Englewood Cliffs, NJ: Prentice-Hall.

Sanford, A. R. (1974). *Learning Accomplishment Profile.* Chapel Hill: Chapel Hill Training-Outreach Project.

Snell, M. E. (1983). *Systematic Instruction of the moderately and severely handicapped* (2nd. Ed.). Columbus: Charles E. Merrill.

State of Ohio (1977). *Curriculum guide for moderately mentally retarded learners.* Columbus: State of Ohio.

Striefel, S., & Cadez, M. J. (1983). *The program assessment and planning guide for developmentally disabled and preschool children.* Springfield, IL: Charles C Thomas.

The Office of the Santa Cruz County Superintendent of Schools (1973). *The Behavioral Characteristics Progression observation booklet.* Palo Alto, Ca: VORT Corporation.

附　錄
中重度智能不足者教育教學指引綱目

特殊教育系列 61005

生活適應能力檢核手冊

作　　者：王天苗
總 編 輯：林敬堯
發 行 人：洪有義
出 版 者：心理出版社股份有限公司
地　　址：231 新北市新店區光明街 288 號 7 樓
電　　話：(02) 29150566
傳　　真：(02) 29152928
郵撥帳號：19293172　心理出版社股份有限公司
網　　址：http://www.psy.com.tw
電子信箱：psychoco@ms15.hinet.net
駐美代表：Lisa Wu（lisawu99@optonline.net）
印 刷 者：昕皇彩色印刷有限公司
初版一刷：1987 年 9 月
初版十八刷：2019 年 7 月
I S B N：978-957-702-013-0
定　　價：新台幣 120 元

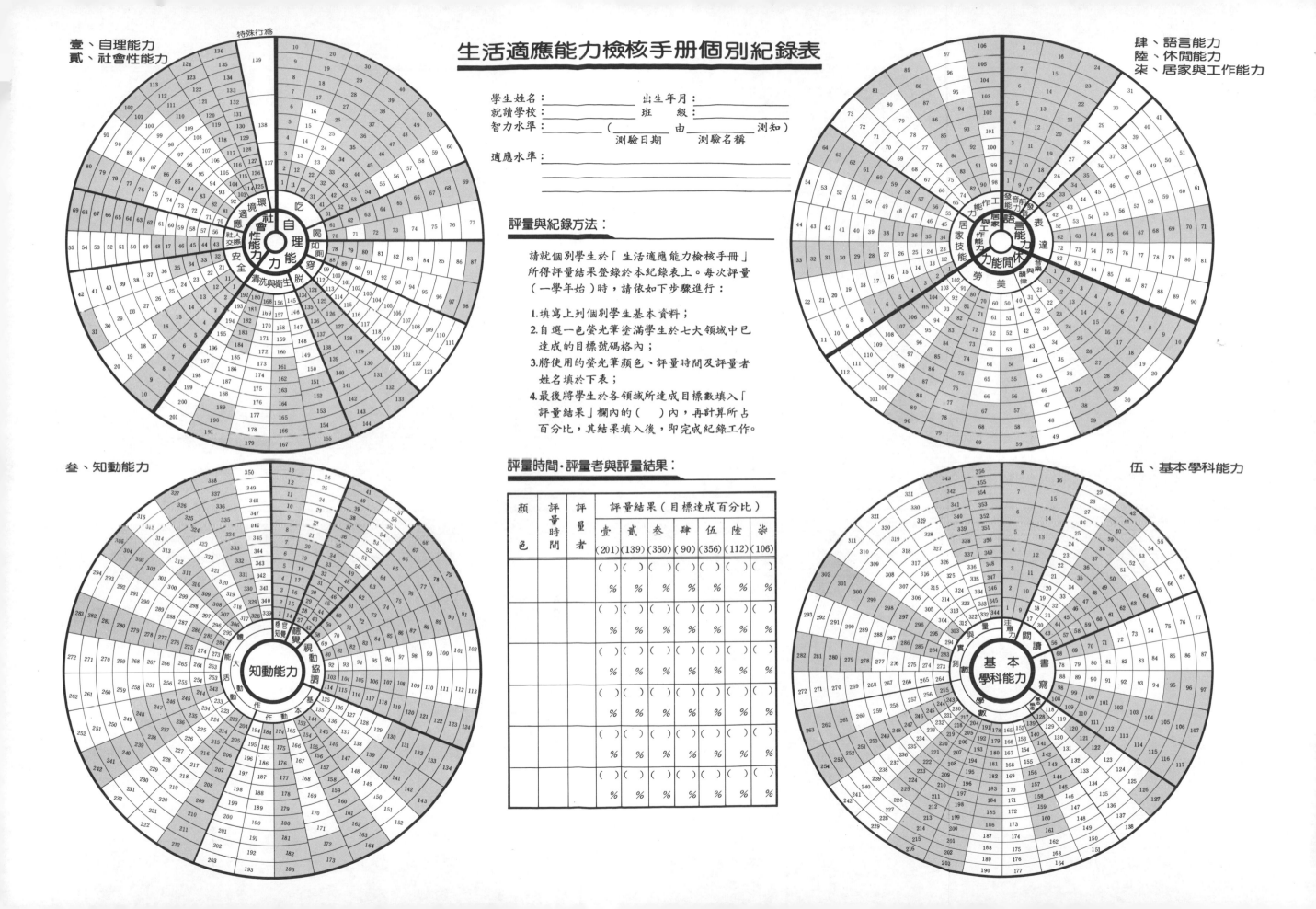

生活適應能力檢核手冊個別紀錄表

臺、自理能力
貳、社會性能力

肆、語言能力
陸、休閒能力
柒、居家與工作能力

叁、知動能力

伍、基本學科能力

學生姓名：＿＿＿＿＿＿　出生年月：＿＿＿＿＿＿
就讀學校：＿＿＿＿＿＿　班　　級：＿＿＿＿＿＿
智力水準：＿＿＿＿＿＿（＿＿＿由＿＿＿測知）
　　　　　測驗日期　測驗名稱

適應水準：＿＿＿＿＿＿＿＿＿＿＿＿＿＿＿＿＿
　　　　　＿＿＿＿＿＿＿＿＿＿＿＿＿＿＿＿＿

評量與紀錄方法：

請就個別學生於「生活適應能力檢核手冊」
所得評量結果登錄於本紀錄表上。每次評量
（一學年始）時，請依如下步驟進行：

1. 填寫上列個別學生基本資料；
2. 自選一色螢光筆塗滿學生於七大領域中已
   達成的目標號碼格內；
3. 將使用的螢光筆顏色、評量時間及評量者
   姓名填於下表；
4. 最後將學生於各領域所達成目標數填入「
   評量結果」欄內的（　）內，再計算所占
   百分比，其結果填入後，即完成紀錄工作。

評量時間・評量者與評量結果：

顏色	評量時間	評量者	評量結果（目標達成百分比）						
			壹 (201)	貳 (139)	參 (350)	肆 (90)	伍 (356)	陸 (112)	柒 (106)
			（　）%	（　）%	（　）%	（　）%	（　）%	（　）%	（　）%
			（　）%	（　）%	（　）%	（　）%	（　）%	（　）%	（　）%
			（　）%	（　）%	（　）%	（　）%	（　）%	（　）%	（　）%
			（　）%	（　）%	（　）%	（　）%	（　）%	（　）%	（　）%
			（　）%	（　）%	（　）%	（　）%	（　）%	（　）%	（　）%
			（　）%	（　）%	（　）%	（　）%	（　）%	（　）%	（　）%